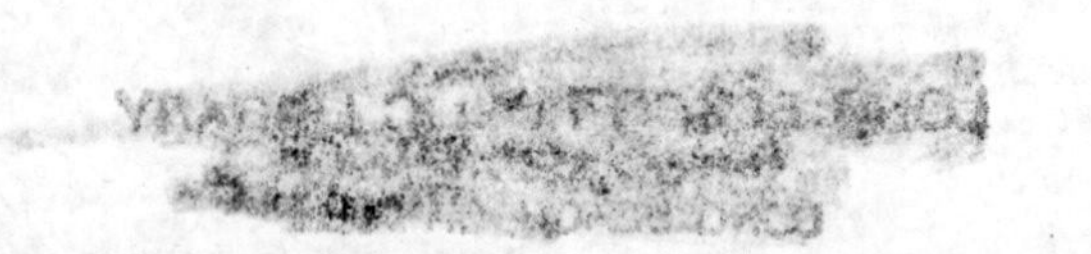

JOHN O´DONOHUE

ANAM CARA

EL LIBRO DE LA SABIDURÍA CELTA

editorial Sirio, s.a.

Si este libro le ha interesado y desea que lo mantengamos informado de nuestras publicaciones, escríbanos indicándonos qué temas son de su interés (Astrología, Autoayuda, Naturismo, Nuevas terapias, Espiritualidad, Tradición, Qigong, PNL, Psicología práctica, Tarot...) y gustosamente lo complaceremos.

Puede contactar con nosotros en comunicacion@editorialsirio.com

Título original: ANAM CARA. A BOOK OF CELTIC WISDOM
Traducido del inglés por Luz Monteagudo
Diseño de portada: Editorial Sirio, S.A.

EDITORIAL SIRIO, S.A.
C/ Panaderos, 14
29005-Málaga
España

EDITORIAL SIRIO
Nirvana Libros S.A. de C.V.
Camino a Minas, 501
Bodega nº 8,
Col. Lomas de Becerra
Del.: Alvaro Obregón
México D.F., 01280

ED. SIRIO ARGENTINA
C/ Paracas 59
1275- Capital Federal
Buenos Aires
(Argentina)

www.editorialsirio.com
E-Mail: sirio@editorialsirio.com

I.S.B.N.: 978-84-7808-729-7
Depósito Legal: B-30.515-2010

Impreso en los talleres gráficos de Romanya/Valls
Verdaguer 1, 08786-Capellades (Barcelona)

Printed in Spain

En memoria de mi padre,
Paddy O'Donohue, que labraba la piedra con poesía;
de mi tío Pete O'Donohue, que amaba las montañas,
y de mi tía Brigid.
En memoria de John, Willie, Mary y Ellie O'Donohue,
que emigraron y ahora yacen en suelo norteamericano.

BEANNACHT
Para Josie

Que el día que el peso
caiga sobre tus hombros y tropieces,
el barro baile para equilibrarte.
Y cuando tus ojos se hielen detrás
de la ventana gris
y el espectro de la pérdida se apodere de ti,
que una legión de colores,
índigo, rojo, verde
y azul celeste despierte en ti
una pradera de deleite.
Cuando se gaste la lona
del barco del pensamiento
y una mancha de océano
oscurezca tras de ti,
que las aguas señalen
un sendero amarillo de luz de luna
por el que puedas regresar sano y salvo.
Que tengas el alimento de la tierra,
que tengas la claridad de la luz,
que tengas el fluir del océano,
que tengas la protección de los antepasados.
Y que un lento viento te envuelva
en estas palabras de amor,
como un manto invisible para velar por tu vida.

PRÓLOGO

Es extraño estar aquí. El misterio nunca te deja en paz. Detrás de tu rostro, bajo tus palabras, más allá de tus pensamientos, el silencio de otro mundo te espera. Un mundo vive en tu interior, un mundo que nadie más puede darte a conocer. Cuando abrimos la boca extraemos sonidos de la montaña que hay bajo el alma, son las palabras. El mundo está lleno de palabras. Son muchos los que hablan todo el tiempo, en voz alta o baja, en los salones, en las calles, en la televisión, en la radio, en el periódico, en los libros... El ruido de las palabras mantiene lo que llamamos «el mundo». Intercambiamos los sonidos y con ellos creamos patrones, predicciones, bendiciones y blasfemias. Cada día, nuestra tribu lingüística mantiene el mundo cohesionado. Sin embargo, el hecho de pronunciar palabras revela que todos creamos incesantemente. Cada persona extrae sonidos del silencio y engatusa a lo invisible para que se haga visible.

Los humanos llevamos poco tiempo aquí. Sobre nosotros, las galaxias del cielo bailan hacia el infinito. Bajo nuestros pies hay tierra remota. Fuimos bellamente modelados con esta arcilla. Sin embargo, la más pequeña de las piedras es millones de años más vieja que nosotros. En tus pensamientos, el universo silencioso busca un eco.

Un mundo desconocido anhela reflejarse. Las palabras son los espejos oblicuos que sostienen tus pensamientos. Contemplas estas palabras-espejo y vislumbras significados, arraigo y refugio. Pero, detrás de sus superficies brillantes, se hallan la oscuridad y el silencio. Las palabras son como el dios Jano, miran hacia dentro y hacia fuera al mismo tiempo.

Si nos volvemos adictos a lo exterior, nuestra interioridad nos perseguirá. El hambre nos dominará y ninguna imagen, persona o acontecimiento podrá saciarnos. Para estar completos, debemos ser fieles a nuestra vulnerable complejidad. Para conservar el equilibrio, hemos de mantener unido lo interior y lo exterior, lo visible y lo invisible, lo conocido y lo desconocido, lo temporal y lo eterno, lo antiguo y lo nuevo. Nadie puede desempeñar esta tarea por ti. Tú eres el único umbral hacia tu mundo interior. Esta integridad es santidad, y ser santo es ser natural, es entablar amistad con los mundos que se equilibran en ti. Detrás de la fachada de la imagen y la distracción, cada ser es un artista en este sentido primigenio e ineludible. Cada ser tiene la maldición y el privilegio de ser un artista interior que lleva y da forma a un mundo único.

La presencia humana es un sacramento creativo y turbulento, una muestra visible de la gracia invisible. No existe ningún otro acceso a este misterio tan íntimo y aterrador. La amistad es la dulce gracia que nos libera para afrontar, reconocer y vivir esta aventura. Este libro pretende ser un espejo oblicuo en el que puedas vislumbrar la presencia y el poder de la amistad interior y exterior. La amistad es una fuerza creadora y subversiva. La intimidad es la ley secreta de la vida y el universo. El viaje humano es un acto continuo de transfiguración. Si lo abordamos con amistad, lo desconocido, lo anónimo, lo negativo y lo amenazador nos revelan poco a poco su secreta afinidad. Como artista que es, el ser humano está permanentemente activo en esta revelación. La imaginación es la gran amiga de lo desconocido. Invoca y libera, una y otra vez, el poder de la posibilidad. La amistad, por consiguiente, no ha de reducirse a una relación excluyente o sentimental; es una fuerza mucho más considerable e intensiva.

El pensamiento celta no era discursivo ni sistemático. Sin embargo, los celtas manifestaron la sublime unidad de la vida y la experiencia en sus especulaciones líricas. Su pensamiento no llevaba la carga del dualismo. No dividía lo que debe estar unido. La imaginación celta expresa la amistad interior que abarca la naturaleza, la divinidad, el mundo subterráneo y el mundo humano. La dualidad que separa lo visible de lo invisible, el tiempo de la eternidad, lo humano de lo divino les resultaba ajena. Su sentido de la amistad ontológica daba lugar a un mundo empírico, imbuido de una rica textura de alteridad, ambivalencia, simbolismo e imaginación. Para nuestra tormentosa separación, la posibilidad de esta amistad fecunda y unificadora es el regalo de los celtas.

La concepción celta de la amistad encuentra su inspiración y su culminación en la sublime noción del *anam cara.* *Anam* es «alma» en gaélico; *cara* significa «amigo». De modo que *anam cara* es «el amigo del alma», era una persona a quien se le podía revelar las intimidades más ocultas de la vida. Esta amistad era un acto de reconocimiento y arraigo. Si tenías un *anam cara,* tu amistad iba más allá de todas las convenciones y formas. Estabas unido, de una manera antigua y eterna, a tu amigo espiritual. Inspirándonos en este concepto, analizaremos la amistad interpersonal en el capítulo 1, cuya idea central es el reconocimiento y el despertar de la antigua comunión que hace de los dos amigos uno. Puesto que el nacimiento del corazón humano es un proceso, el amor es el continuo nacimiento de la creatividad en nosotros y entre nosotros. Exploraremos el anhelo como presencia de lo divino, y el alma como lugar de pertenencia.

En el capítulo 2, abordaremos la espiritualidad de la amistad con el cuerpo. El cuerpo es tu casa de barro, tu única casa en el universo. El cuerpo está en el alma, y este reconocimiento le confiere una dignidad sagrada y mística. Los sentidos son las antesalas de lo divino. La espiritualidad de los sentidos es la espiritualidad de la transfiguración.

En el capítulo 3, exploraremos el arte de la amistad interior. Cuando dejamos de temer a la soledad, una nueva creatividad despierta en nosotros. Entonces, una olvidada y desatendida riqueza interior empieza a revelarse. Regresamos a nuestra casa interior y aprendemos a descansar en ella. Los pensamientos son los sentidos interiores. Infundidos de silencio y soledad, nos muestran el misterio del paisaje interior.

En el capítulo 4 reflexionaremos sobre el trabajo como poética del crecimiento. Lo invisible busca volverse visible y expresarse a través de nuestras acciones. Éste es el anhelo íntimo del trabajo. Cuando nuestra vida interior hace amistad con el mundo externo del trabajo, una nueva imaginación se despierta y tienen lugar grandes cambios.

En el capítulo 5 contemplaremos la amistad en la época de la cosecha de la vida, la vejez. Abordaremos la memoria como el lugar donde nuestros días pasados se reúnen secretamente y reconocen que un corazón apasionado nunca envejece. El tiempo es eternidad encubierta.

En el capítulo 6, trataremos de nuestra inevitable amistad con nuestra primera y última compañera, la muerte. Reflexionaremos sobre ella como la compañera invisible que camina a nuestro lado por el sendero de la vida desde el nacimiento. La muerte es la gran herida del universo, la raíz de todo miedo y negatividad. Nuestra amistad con ella nos permite celebrar la eternidad del alma, algo que la muerte no puede tocar.

La imaginación celta amaba el círculo. Reconocía que el ritmo de la experiencia, la naturaleza y la divinidad seguían un camino circular. En reconocimiento a esto, la estructura de este libro también sigue un ritmo circular. Comienza con la observación de la amistad como despertar, después explora los sentidos como umbrales inmediatos y creativos. De este modo, se prepara el terreno para una evaluación positiva de la soledad, que a su vez busca expresarse en el mundo externo del trabajo y la acción. Conforme va disminuyendo nuestra energía exterior, vamos afrontando la misión de envejecer y morir. Esta estructura sigue el círculo de la vida, girando en espiral hacia la muerte, y trata de echar luz sobre la profunda invitación que nos ofrece.

Los capítulos giran en torno a un silencioso y oculto séptimo capítulo, que aborda lo antiguo e innombrable en el corazón del ser humano. Aquí reside lo indecible, lo inefable. Esencialmente, este libro pretende ser como una fenomenología de la amistad con forma lírico-especulativa. Inspirado en la metafísica implícita y lírica de la espiritualidad celta. Más que un análisis parcial de registros sobre los celtas, trata de ser una amplia reflexión, una conversación interior con la imaginación celta que tiene por objetivo exponer su filosofía y su espiritualidad sobre el tema de la amistad.

1

EL MISTERIO DE LA AMISTAD

LA LUZ ES GENEROSA

Si alguna vez has tenido la oportunidad de encontrarte al aire libre poco antes del amanecer, habrás observado que el momento más oscuro de la noche es justo el que precede a la salida del sol. Las tinieblas se hacen más profundas y anónimas. Si nunca hubieras estado en el mundo y no supieras lo que es el día, jamás podrías imaginar cómo desaparece la oscuridad, cómo llega el misterio y el color del nuevo día. La luz es increíblemente generosa, pero también amable. Si te fijas en cómo llega el amanecer, podrás observar cómo la luz engatusa a las tinieblas. Los primeros dedos de luminosidad aparecen en el horizonte y, hábil y gradualmente, retiran el manto de oscuridad que cubre el mundo. Lentamente, ante ti se presenta el misterio de un nuevo amanecer, el nuevo día. Emerson dijo: «Nadie sospecha que los días son dioses». La pérdida de contacto con estos umbrales primitivos de la naturaleza es una de las tragedias de la era moderna. La urbanización de la vida actual ha terminado por apartarnos de este fecundo parentesco con nuestra madre Tierra. Moldeados en la tierra, somos almas con forma de arcilla. Necesitamos mantener la sintonía con nuestro anhelo y con nuestra voz interior de arcilla. Sin embargo, esta voz se ha vuelto inaudible en el mundo moderno. Como ni siquiera somos conscientes de esa pérdida, el dolor de nuestro exilio espiritual es más intenso por ser en gran parte incomprensible.

El mundo descansa durante la noche. Los árboles, las montañas, los campos y los rostros son liberados de la prisión de la forma y de la carga de la visibilidad. Cada cosa regresa a su propia naturaleza en el refugio de la oscuridad. Ésta es la matriz antigua. La noche es el tiempo de la matriz, el momento en que nuestras almas salen a jugar. La oscuridad todo lo absuelve; la lucha por la identidad y la impresión cesa. Descansamos durante la noche. El alba es un momento de renovación, de posibilidades y promesas. Todos los elementos de la naturaleza —piedras, campos, ríos y animales— surgen de nuevo a la luz fresca del amanecer. Así como la oscuridad trae descanso y liberación, el alba trae despertar y renovación. En nuestra mediocridad y distracción, olvidamos que tenemos el privilegio de vivir en un universo maravilloso. Cada día, el alba revela el misterio de este universo, es la mayor de las sorpresas y nos despierta a la inmensidad de la naturaleza. El maravilloso color sutil del universo se eleva envolviéndolo todo. Así lo entendió William Blake cuando afirmaba: «Los colores son las heridas de la luz». Los colores revelan la profundidad de nuestra presencia en el corazón de la naturaleza.

El círculo celta del arraigo

En la poesía celta encontramos el color, el poder y la intensidad de la naturaleza. En ella se reconoce bellamente el viento, las flores, el romper de las olas sobre la tierra. La espiritualidad celta venera la luna y adora la fuerza vital del sol. Muchos antiguos dioses celtas estaban próximos a las fuentes de la fertilidad y el arraigo. Al ser un pueblo cercano a la naturaleza, ésta era una presencia y una compañera, los alimentaba y con ella sentían su mayor arraigo y afinidad. La poesía natural celta está teñida de esta calidez, asombro y arraigo. Una de las oraciones celtas más antiguas se titula *La coraza de San Patricio,* aunque su nombre más profundo es *El bramido del ciervo.* No hay división entre la subjetividad y los elementos. De hecho, son las mismas fuerzas elementales las que dan forma y elevación a la subjetividad:

Me levanto hoy
por la fuerza del cielo, la luz del sol,
el resplandor de la luna,
el esplendor del fuego,
la rapidez del rayo,
la velocidad del viento,
la profundidad del mar,
la estabilidad de la tierra,
la firmeza de la roca.

En el mundo celta abundan la inmediatez y el sentido de la pertenencia. La mentalidad celta veneraba la luz. Ésta es una de las razones por las que su espiritualidad emerge como una nueva constelación en nuestra época. Estamos solos y perdidos en nuestra transparencia hambrienta. Necesitamos desesperadamente una luz nueva y amable donde el alma pueda refugiarse y revelar su antiguo deseo de arraigo, una luz que haya conservado su parentesco con las tinieblas, porque somos hijos de las tinieblas y de la luz.

Siempre viajamos de las tinieblas a la luz. Al principio somos hijos de las tinieblas. Tu cuerpo y tu rostro se formaron en la tierna oscuridad del vientre de tu madre. Tu nacimiento fue tu primer viaje de la oscuridad a la luz. Durante toda tu vida, tu mente vive en la oscuridad de tu cuerpo. Cada uno de tus pensamientos es una chispa de luz surgida de tu oscuridad interior. El milagro del pensamiento es su presencia en la noche de tu alma; el resplandor del pensamiento nace en la oscuridad. Cada día es un viaje.

Salimos de la noche al día. Toda creatividad se despierta en ese umbral primario donde la luz y la oscuridad se prueban y se bendicen mutuamente. El equilibrio en la vida sólo se halla cuando se aprende a confiar en el fluir de esta antigua cadencia. El año también es un viaje con el mismo ritmo. El pueblo celta era muy consciente de la naturaleza circular de nuestro viaje. Salimos de la oscuridad del invierno a las posibilidades y la efervescencia de la primavera.

En definitiva, la luz es la madre de la vida. Donde no hay luz, no puede haber vida. Si el ángulo del Sol se desviara de la Tierra, toda vida humana, animal y vegetal que conocemos desaparecería. La Tierra se cubriría de hielo una vez más. La luz es la presencia secreta de lo divino; mantiene la vida despierta. Se trata de una presencia que alimenta, que inspira el calor y el color en la naturaleza. El alma despierta y vive en la luz. Nos ayuda a vislumbrar las profundidades sagradas de nuestro interior. Cuando los seres humanos comenzaron a buscar el significado de la vida, la luz se convirtió en una de las metáforas más poderosas para expresar la eternidad y la profundidad. En las tradiciones occidentales, como la celta, el pensamiento ha sido comparado, frecuentemente, con la luz. El intelecto, en su luminosidad, era considerado el lugar de la divinidad de nuestro interior.

Cuando la mente humana empezó a explorar el siguiente gran misterio de la vida, el misterio del amor, la luz también se empleó como metáfora de su poder y su presencia. Cuando el amor despierta en tu vida, en la noche de tu corazón, es como un amanecer que surge en tu interior. Donde antes había anonimato, ahora hay intimidad; donde antes había miedo, ahora hay coraje; donde antes había torpeza, ahora está el ritmo de la gracia y la dignidad; donde antes solías mostrarte arisco, ahora eres elegante y estás en sintonía con el ritmo de tu yo. Cuando el amor despierta en tu vida, se produce un renacimiento, un nuevo comienzo.

El corazón humano nunca termina de nacer

Aunque el cuerpo nace en apenas un instante, el nacimiento del corazón humano es un proceso en curso. Nace, una y otra vez, con cada experiencia de tu vida. Todo cuanto te sucede tiene el potencial de hacerte más profundo. Hace surgir en ti nuevos territorios del corazón. Patrick Kavanagh expresó esta bendición de los acontecimientos: «Alaba, alaba, alaba lo que ha acontecido y lo que es». Uno de los sacramentos más bellos de la tradición cristiana es el bautismo, que incluye una unción especial del corazón del niño. El bautismo proviene de la tradición judía. Para los judíos, el corazón era el centro de todas las emociones. Se unge como órgano principal de la salud del niño, pero también como lugar donde anidarán todos sus sentimientos. La oración pide que el recién nacido nunca quede atrapado en las falsas redes internas del negativismo, el resentimiento o la autodestrucción. Las bendiciones también buscan que posea fluidez de sentimientos en su vida, que sus sentimientos fluyan libremente y que éstos lleven su alma hacia el mundo, y recojan de éste regocijo y paz.

Frente a la infinitud del cosmos y la silenciosa profundidad de la naturaleza, el rostro humano resplandece como icono de la intimidad. Es aquí, en este icono de presencia humana, donde la divinidad creadora se acerca a sí misma. El rostro humano es el icono de la creación. Cada persona posee también un rostro interior, que se presiente, pero que no se ve. El corazón es el rostro interior de tu vida. El viaje humano se esfuerza para que este rostro sea bello. Es aquí donde el amor, que es absolutamente vital para la vida humana, crece en tu interior, porque sólo el amor puede despertar la divinidad en ti. En él creces y regresas a ti mismo. Cuando aprendes a amar y a ser amado, regresas al hogar de tu espíritu. Te hallas en la calidez de tu refugio. Te haces completo en el hogar de tus propios anhelos. En ese crecimiento y vuelta al hogar está el beneficio inesperado del acto de amar a otro. El amor comienza al prestar atención al otro, con un generoso acto de abandono del yo. Ésta es la condición que nos hace crecer.

Una vez que el alma despierta, la búsqueda comienza y ya no hay vuelta atrás. A partir de entonces, te sientes inflamado de un anhelo especial que nunca más te permitirá entretenerte en las tierras bajas de la autocomplacencia y la realización parcial. La eternidad te apremia. No te conformas con soluciones intermedias y ya no estás dispuesto a permitir que la amenaza de un peligro te impida luchar para llegar a la cima de la realización. Cuando se te abre este camino espiritual, puedes aportar una generosidad increíble al mundo y a la vida de los demás. A veces es fácil ser generoso con los demás; das, das y das, pero eres tacaño contigo mismo. Si no aprendes a darte a ti mismo, perderás el equilibrio de tu alma. Debes ser generoso con tu propio yo para poder recibir el amor que te rodea. Puedes sufrir desesperadamente el hambre de ser amado. Puedes buscar durante muchos años en lugares solitarios, lejos de ti. Sin embargo, durante todo ese tiempo, este amor está a pocos centímetros de ti, en el borde de tu alma, pero has permanecido ciego a su presencia. A causa de una herida, una puerta del corazón se ha cerrado firmemente y te ves incapaz de abrirla para recibir amor. Debemos estar atentos para ser capaces de recibir. Boris Pasternak dijo: «Cuando un gran momento llama a la puerta de tu vida, a veces el sonido no es más fuerte que el latido de tu corazón y es muy fácil no oírlo».

Es extrañamente irónico que el mundo ame el poder y las propiedades. Puedes tener mucho éxito en este mundo, ser admirado por todos, poseer innumerables pertenencias, una familia encantadora, triunfar en tu trabajo y tener todo lo que el mundo pueda ofrecer, pero es posible que detrás de todo eso te sientas totalmente perdido y desdichado. Si posees todo lo que el mundo puede ofrecer, pero no tienes amor, eres el más pobre de los pobres. Todo corazón humano tiene hambre de amor. Si en tu corazón no anida la calidez del amor, no existe en ti la posibilidad de celebración y disfrute. No importa lo trabajador, competente, seguro de ti mismo o respetado que seas, no importa lo que tú o los demás piensen de ti, lo único que verdaderamente anhelas es amor. Independientemente de dónde estamos, qué o quiénes somos, o en qué viaje estamos embarcados, todos necesitamos amor.

Aristóteles dedica varios capítulos de su *Ética* a reflexionar sobre la amistad. La basa en la idea de la bondad y la belleza. El amigo es el que desea el bien del otro. El filósofo reconoce cómo, en la complejidad de la individualidad, la intimidad se refleja y se hace realidad en el descubrimiento y el ejercicio de la amistad: «Aunque el deseo de amistad se desarrolla rápidamente, no ocurre lo mismo con la amistad en sí». La amistad es la gracia que endulza y da calor a la vida: «Nadie querría vivir sin amigos, aunque no le faltara nada más».

El amor es la naturaleza del alma

El alma necesita amor con tanta urgencia como el cuerpo necesita el aire. En la calidez del amor, el alma puede ser ella misma. Todas las posibilidades de tu destino humano duermen en tu alma. Estás aquí para llevar a cabo y honrar estas posibilidades. Cuando el amor entra en tu vida, las dimensiones desapercibidas de tu destino despiertan, florecen y crecen. La posibilidad es el corazón secreto del tiempo. Éste, en su superficie exterior, es vulnerable a la transitoriedad. Cada día, independientemente de su tristeza o de su belleza, termina y se desvanece. En su más profunda esencia, el tiempo es transfiguración; tiene en cuenta la posibilidad y se asegura de que nada se pierda o se olvide. Aquello que, en la superficie del tiempo, parece desvanecerse, en realidad se transfigura y alberga el tabernáculo de la memoria. La posibilidad es el corazón secreto de la creatividad. Martin Heidegger habla de la «prioridad ontológica» de la posibilidad. En el nivel más profundo del ser, la posibilidad es la madre y el destino transfigurado de lo que llamamos acontecimientos y hechos. Este mundo callado y secreto de lo eterno es el alma, cuya naturaleza es el amor. Cuando amamos y nos permitimos ser amados, comenzamos a habitar, cada vez más, en el reino de lo eterno. El miedo se convierte en coraje; el vacío, en plenitud, y la distancia, en intimidad.

La experiencia del *anam cara* abre una amistad que no está dañada o limitada por la separación o la distancia. Tal amistad permanece viva incluso cuando los amigos viven alejados. Como ambos, en el alma, han roto las barreras de la imagen y el egoísmo, la unidad de sus almas no se corta tan fácilmente. Cuando el alma está despierta, el espacio físico se transfigura. Incluso a través de la distancia, dos amigos pueden permanecer totalmente compenetrados y continuar sintiendo el flujo de la vida del otro. Con tu *anam cara*, despiertas a lo eterno. Esto está bellamente ilustrado en la película *El festín de Babette*, cuando un viejo soldado habla con la mujer que ha amado desde su juventud, con la que no se le permitió casarse. Le dice que aunque no la había visto desde entonces, siempre la había sentido a su lado.

El amor es nuestra naturaleza más profunda; y, consciente o inconscientemente, todos buscamos el amor. Con frecuencia elegimos caminos falsos para llenar esta profunda hambre. Una excesiva dedicación a nuestro trabajo, determinados logros o una búsqueda espiritual puede alejarnos de la presencia del amor. En el trabajo del alma, nuestras falsas urgencias pueden engañarnos por completo. No necesitamos ir en busca del amor; por el contrario, tan sólo debemos permanecer tranquilos y dejar que él nos encuentre. Algunas de las más bellas palabras escritas sobre el amor se encuentran en la Biblia. La carta de san Pablo a los corintios es increíblemente hermosa: «El amor es paciente, es servicial; el amor no es envidioso, no hace alarde, no se envanece. [...] El amor todo lo disculpa, todo lo cree, todo lo espera, todo lo soporta». Otro versículo de la Biblia dice: «El amor perfecto aleja el miedo».

UMBRA NIHILI

En un universo vasto, que a veces parece siniestro e indiferente a nosotros, necesitamos la presencia y el refugio del amor para transfigurar nuestra soledad. Esta soledad cósmica es la raíz de nuestra soledad interior. Durante toda nuestra vida, todo lo que hacemos, pensamos y sentimos está rodeado de la nada. Es por ello por lo que nos asustamos tan fácilmente. El Maestro Eckhart, místico del siglo XIV, dice que toda la vida humana se encuentra bajo la sombra de la nada, la *umbra nihili*. Sin embargo, el amor es el hermano del alma; es el lenguaje más profundo y la presencia del alma. A través del calor y la creatividad del amor, el alma nos protege de la desolación de la nada. No podemos llenar nuestro vacío con objetos, posesiones o personas, sino que debemos ahondar más profundamente en ese vacío para encontrar, más allá de la nada, la llama del amor que nos aguarda para calentarnos.

Nadie puede herirte tan profundamente como la persona a quien amas. Cuando admites al otro en tu vida, te abres a él. Aun después de años de convivencia, tu afecto y confianza pueden sufrir una decepción, ya que la vida es peligrosamente impredecible. La gente cambia, a veces de manera drástica y repentina. La amargura y el resentimiento desplazan inmediatamente al afecto y al sentimiento de pertenencia. Toda amistad pasa en algún momento por el valle negro de la desesperación. Esto pone a prueba todas las facetas de vuestro afecto. Perdéis la atracción y la magia; los sentimientos se vuelven oscuros y vuestra presencia os resulta dolorosa. Si sois capaces de atravesar esa etapa, vuestro amor podrá emerger purificado y os despojaréis de la falsedad y la necesidad. Os llevará a un nuevo terreno donde el afecto puede volver a crecer. A veces una amistad se deteriora y las partes se enzarzan en el negativismo mutuo. Cuando dos personas se unen desde una posición de carencia, es como si parieran un fantasma dispuesto a devorar hasta el último retazo de afecto entre los dos. Ambos pierden su esencia. Se vuelven impotentes y se obsesionan el uno con el otro. En este caso son necesarias la oración profunda y una gran dosis de atención y cuidados para reorientar las almas. El amor puede herir profundamente. Por ese motivo, debemos tener mucha precaución. El filo de la nada corta hasta el hueso. Hay también quienes quieren amar, entregarse, pero no tienen energía para ello. Llevan, en sus corazones, los cadáveres de antiguas relaciones; son adictos a las heridas porque éstas les confirman su identidad. Cuando una amistad se reconoce como un don, permanecerá abierta a su propio terreno de bendición.

Cuando amas, abres tu vida a otro; caen todas tus barreras y se derrumban todas las distancias protectoras. El otro obtiene permiso absoluto para penetrar en el templo más profundo de tu espíritu, por lo que tu presencia y tu vida pueden convertirse en algo suyo. Se necesita mucho valor para permitir semejante proximidad. Puesto que el cuerpo habita en el alma, cuando permites tal cercanía, estás dejando que el otro se vuelva parte de ti. En la afinidad sagrada del amor verdadero, dos almas se hacen gemelas. La cáscara externa y el contorno de la identidad se vuelven porosos; se funden mutuamente.

El anam cara

En la tradición celta existe una hermosa concepción del amor y la amistad. Una de sus ideas más fascinantes es la del amor del alma, que en gaélico antiguo es *anam cara.* Como se ha explicado anteriormente, *Anam* significa «alma», y *cara,* «amistad». De modo que *anam cara,* en el mundo celta, quiere decir «amigo espiritual». En la primitiva iglesia celta, los maestros, compañeros o guías espirituales recibían este nombre, en un principio, reservado a los confesores, a quienes uno revelaba lo más íntimo y oculto de su vida. Al *anam cara* se le podía mostrar el yo más profundo, la mente y el corazón. Esta amistad era un acto de reconocimiento y arraigo. Cuando uno tenía un *anam cara,* la amistad iba más allá de las convenciones, la moral y las formas. Uno estaba unido, de un modo antiguo y eterno, al amigo espiritual. Esta concepción no imponía al alma limitaciones de espacio ni de tiempo. No existen jaulas para el alma, ya que es una luz divina que penetra en ti y en el otro. Este arte del arraigo despertaba y alimentaba una camaradería profunda y especial. Juan Casiano dice en sus *Conferencias* que este vínculo entre amigos es indisoluble: «Esto, digo, es lo que no pueden romper las circunstancias, lo que no puede cortar ni destruir ningún intervalo de tiempo o de espacio; lo que ni siquiera la muerte puede dividir».

Todos en la vida tenemos necesidad de un *anam cara,* un «amigo espiritual». En este amor eres comprendido tal y como eres, porque en él te muestras sin máscaras ni pretensiones.

Las mentiras superficiales y las medias verdades de las relaciones sociales se desmoronan y puedes ser quien realmente eres. El amor permite que nazca la comprensión, y ésta tiene un valor inestimable. Allí donde te comprenden, estás en tu casa. La comprensión nutre el sentimiento de pertenencia. Sentirse comprendido es sentirse libre para proyectar el yo sobre la confianza y la protección del alma del otro. Pablo Neruda describe esta comprensión en un bello verso: «Eres como nadie porque te amo». Este arte del amor revela la identidad especial y sagrada de la otra persona. El amor es la única luz que puede verdaderamente leer la firma secreta de la individualidad y el alma del otro. En nuestro mundo de origen, sólo el amor es sabio; únicamente él puede descifrar la identidad y el destino.

Es precisamente a través del despertar y la exploración de este rico y opaco paisaje interior como la experiencia del *anam cara* ilumina el misterio y la bondad de lo divino. El *anam cara* es un don de Dios; la amistad, la naturaleza de Dios. La idea cristiana de Dios como Trinidad es la más sublime expresión de la alteridad y la intimidad, un flujo eterno de amistad. Esta perspectiva muestra el bello cumplimiento de nuestro anhelo de inmortalidad en las palabras de Jesús: «Os llamo amigos». Jesús, como hijo de Dios, es el primer prójimo del universo; es el prisma de toda diferencia, el *anam cara* secreto de todos los individuos. Con su amistad entramos en la tierna belleza y en el afecto de la Trinidad. Cuando abrazamos esta amistad eterna nos atrevemos a ser libres. En la espiritualidad celta encontramos un hermoso motivo trinitario, que esta breve invocación pone de manifiesto:

Los Tres Sacrosantos
son mi fortaleza;
que vengan y rodeen
mi lar y mi casa.

Por consiguiente, el amor es cualquier cosa menos sentimental. De hecho, es la forma más real y creativa de la presencia humana. El amor es el umbral donde lo divino y la presencia humana fluyen y refluyen entre sí.

Toda presencia depende de la conciencia. Donde hay profundidad de conciencia, hay reverencia por la presencia. Donde la conciencia es poco nítida, distante o ciega, la presencia se vuelve cada vez más tenue hasta que desaparece. Por ello, la conciencia es uno de los mayores regalos que puedes aportar a una relación. Muchas personas no son plenamente conscientes de que tienen un *anam cara*, y esto oculta la presencia del amigo y provoca sentimientos de distancia y ausencia. Tristemente, en muchas ocasiones, la pérdida trae esa conciencia, pero entonces ya es demasiado tarde. Es de sabios rezar por la gracia del reconocimiento. Inspirado por la conciencia, podrás descubrir, a tu lado, al *anam cara* que tanto soñaste.

La tradición celta reconocía que la amistad del *anam cara* estaba bendecida con el afecto. La amistad despierta el afecto, y nunca es cerebral o abstracta. El corazón aprende un nuevo arte de sentir. En la tradición celta, el *anam cara* no era una simple metáfora o un ideal. Se trataba de una unión del alma que existía como una admirada y reconocida construcción social. Alteraba el significado de la identidad y la percepción. Cuando tu afecto se despierta, el mundo de tu intelecto obtiene una ternura y compasión nuevas. El *anam cara* aporta integración epistemológica y sanación. Miras, ves y entiendes de un modo diferente. En un principio, esto puede parecer perjudicial y extraño, pero en realidad refina gradualmente tu sensibilidad y transforma tu forma de estar en el mundo. Gran parte del fundamentalismo, la codicia, la violencia y la opresión pueden remontarse a la separación de la idea y el afecto. Durante demasiado tiempo hemos estado ciegos a las riquezas cognitivas del sentimiento y a la profundidad de las ideas. Aristóteles dijo en *De Anima*: «La percepción es una forma de afecto y emoción; y lo mismo ocurre con el pensamiento y el conocimiento. El pensamiento, en particular, es un extraño afecto del alma». La perspectiva del *anam cara* es sublime porque nos permite entrar en esta unidad de antiguo arraigo.

La naturaleza sagrada de la intimidad

Nuestra cultura está centrada en exceso en el concepto de relación. La gente habla incesantemente de las relaciones. Es un tema constante en la televisión, el cine y los medios de comunicación. Sin embargo, la tecnología y los

›s no unen el mundo. Pretenden crear un mundo unido por redes electrónicas, pero en realidad sólo aportan un simulado universo de sombras. Por consiguiente, sólo consiguen que nuestro mundo humano se vuelva más anónimo y solitario. En un mundo donde el ordenador reemplaza al encuentro humano y la psicología a la religión, no es casual que exista tal obsesión con las relaciones. Desafortunadamente, el término «relación» se ha convertido en un centro vacío alrededor del cual nuestra hambre solitaria vaga en busca de calor y comunión. Gran parte del lenguaje público relacionado con el concepto de intimidad es hueco, y sus repeticiones incesantes sólo delatan la falta total de ésta. La verdadera intimidad es una vivencia sagrada. Nunca exhibe su confianza secreta y su arraigo ante el ojo de *voyeur* de la cultura de neón. La intimidad verdadera pertenece al alma, y el alma es discreta.

La Biblia dice que nadie puede ver a Dios y seguir viviendo. Extrapolando esto, nadie puede vivir después de verse a sí mismo. Como mucho, se puede intuir la propia alma. Se pueden obtener vislumbres de su luz, colores y contornos, y experimentar la inspiración de sus posibilidades y la maravilla de sus misterios. En la tradición celta, y en especial en la lengua gaélica, existe un refinado sentido de lo sagrado en el acercamiento a otra persona. En gaélico no existe un equivalente a nuestra palabra «hola», sino que en un encuentro, se intercambian bendiciones. Uno dice: *Día dhuit* («Que Dios sea contigo). El otro responde: *Día is Muire dhuit* (Que Dios y María sean contigo). Cuando se separan, uno dice: *Go gcumhdaí Dia thu (*Que Dios venga en tu ayuda), o *Gogcoinne Día thu (*Que Dios te guarde). El ritual del encuentro comienza y termina con bendiciones. A lo largo de una conversación en gaélico, hay un reconocimiento explícito de que lo divino está presente en el otro. El reconocimiento de esta presencia divina también puede observarse en antiguos dichos, como «la mano de un extraño es la mano de Dios». El extraño no llega por casualidad; trae un don y un esclarecimiento especiales.

EL MISTERIO DEL ACERCAMIENTO

Desde hace años tengo la idea de escribir un relato sobre un mundo en el que cada uno conocería a una sola persona durante toda su vida. Lógicamente, me vería en la obligación de prescindir de ciertas consideraciones biológicas para describir ese mundo imaginario. Uno tendría que guardar años de silencio ante el misterio de la presencia en el otro, antes de poder acercarse a él. En toda la vida, no se conocería más que a un par de personas. Esta idea adquiere mayor realismo si uno considera su vida y distingue los amigos de los conocidos. No son lo mismo. La amistad es un vínculo profundo y sagrado. Shakespeare lo expresa bellamente con esta frase: «Los amigos y su atención probada, sujétalos a tu alma con argollas de acero». Un amigo es algo increíblemente valioso. Es un ser amado que despierta tu vida para liberar las posibilidades salvajes que hay en ti.

Irlanda es un país de ruinas. Pero las ruinas no están vacías. Son lugares sagrados plagados de presencia. Un amigo mío, sacerdote de Connemara, pensaba construir un parking al lado de su iglesia. Cerca había unas ruinas que llevaban cincuenta o sesenta años abandonadas. Fue a hablar con el hombre cuya familia había vivido allí años antes, a fin de pedirle las piedras para los cimientos. El hombre se negó. Cuando el sacerdote le preguntó por qué, respondió: *Céard a dhéanfadh anamacha mo mhuinitíre ansin?* (*¿*Qué harían entonces las almas de mis antepasados?). Quería decir que incluso hacia esas ruinas, durante tanto tiempo abandonadas, las almas de quienes las habían habitado todavía sentían una particular afinidad y apego. La vida y la pasión de una persona dejan su huella en el éter de un lugar. El amor no se queda encerrado en el corazón, sino que fluye para construir tabernáculos secretos en el paisaje.

Diarmuid y Gráinne

Si viajas por Irlanda, podrás observar bellas piedras llamadas dólmenes. Se trata de dos enormes bloques de piedra caliza colocados paralelamente en vertical. Sobre ellas se pone otra piedra gigante. En la tradición celta reciben el nombre de *leaba Dhiarmada agus Gráinne,* es decir, «la cama de Diarmuid y Gráinne». Según la leyenda, Gráinne iba a casarse con Fionn, jefe de los Fianna, los antiguos guerreros celtas. Pero se enamoró de Diarmuid y le amenazó con destruirlo con su magia si no se escapaba con ella. Ambos huyeron y los Fianna los persiguieron por todo el país. Los animales los protegían y las personas sabias les daban consejos para escapar de sus perseguidores. Uno de estos consejos fue que no pasaran más de dos noches seguidas en un mismo lugar. Y se dice que, allí donde se detenían a descansar para pasar la noche, Diarmuid construía un dolmen como refugio para su amada. Las investigaciones arqueológicas han revelado que eran lugares de enterramiento. Sin embargo, la leyenda es más interesante. Se trata de una bella imagen de la vulnerabilidad que, a veces, acompaña al amor. Cuando uno se enamora, el sentido común, la racionalidad y la seria, reservada y respetable personalidad se disuelven. De repente, volvemos a ser adolescentes; hay un nuevo fuego en la vida. Nos sentimos revitalizados. Si no hay pasión, el alma está dormida o ausente. Pero si la pasión se despierta, el alma es de nuevo joven y libre, y vuelve a bailar. En esta vieja leyenda celta, podemos observar el poder del amor y la energía de la pasión. Uno de los poemas más elocuentes sobre el poder de este anhelo para transfigurar la vida es el *Anhelo dichoso* de Goethe:

> No se lo digáis a nadie, sino tan sólo a los sabios, pues el vulgo siempre tiende a la burla y el sarcasmo; pero a quien ansía consumirse en la llama, yo lo alabo. En el frescor de las noches amorosas, en el trueque plácido de las caricias, al ver la vela que alumbra tranquila la habitación, un extraño sentimiento más de una vez te acomete.

> No quisieras seguir preso en la sombra y las tinieblas, y sientes un ansia violenta de una vida más elevada. Para ti no hay ya distancias: suelto y libre alzas el vuelo hacia la llama, y al fin, igual que la mariposa, abrasas en ella tu cuerpo. Mientras no veas cumplido en ti el «¡muere y transfórmate!», serás en la oscura tierra tan sólo un huésped borroso que vaga entre las tinieblas.

El poema capta la maravillosa fuerza espiritual que encierra el anhelo del corazón y sugiere la gran vitalidad que se oculta en él. Cuando nos entregamos a la pasión creativa, ésta nos transporta a los umbrales últimos de la transfiguración y la renovación. Este crecimiento causa dolor, pero es dolor sagrado. Hubiera sido mucho más trágico evitar cautelosamente estas profundidades y quedarnos anclados en la brillante superficie de la banalidad.

El amor como antiguo reconocimiento

La verdadera amistad o el amor no se fabrican ni se conquistan mediante la voluntad o la intención. La amistad es siempre un acto de reconocimiento. Esta metáfora se puede fundamentar en la naturaleza arcillosa del cuerpo humano. Cuando encuentras a la persona que amas, un antiguo acto de reconocimiento os reúne. Es como si millones de años antes de que la naturaleza rompiera su silencio, la arcilla de tu amante y la tuya yacieran juntas. Más tarde, durante los ciclos de las estaciones, esa única arcilla se dividió y se separó. Os erguisteis con formas distintas de arcilla, alojando en ellas vuestra diferente individualidad y vuestro destino. Pero, sin saberlo, vuestras memorias secretas lloraban la ausencia mutua. Mientras vuestras formas de arcilla deambularon durante miles de años por el universo, el anhelo del otro nunca disminuyó. Esta metáfora explica cómo dos almas se reconocen súbitamente en el momento de la amistad. Puede ser un encuentro en la calle, en una fiesta, en una conferencia o en una presentación banal, y en ese momento se produce la chispa del reconocimiento que hace resplandecer las brasas de la afinidad. Tiene lugar un despertar entre vosotros, una sensación de conocimiento antiguo. Entráis. Habéis regresado a vuestra casa. En palabras de Eurípides: «Dos amigos, un alma».

En la tradición clásica esta idea se expresa de un modo maravilloso en el *Simposio,* mágico diálogo de Platón sobre la naturaleza del amor. Platón hace referencia al mito de que, al principio de los tiempos, los humanos no eran individuos singulares. Cada persona era dos seres en uno. Después se separaron y, por consiguiente, uno se pasa la vida buscando su otra mitad. Al encontrarse, el descubrimiento se produce a través de este acto de reconocimiento profundo. En la amistad se cierra un antiguo círculo. Lo que hay de antiguo entre ambos los cuidará, los protegerá y los mantendrá unidos. Cuando dos personas se enamoran, salen de la soledad del exilio y entran en la casa del arraigo. En las bodas, es conveniente agradecer la gracia del destino que permitió que estas dos personas se reconocieran cuando se encontraron. Cada una reconoció en la otra a aquella en la cual su corazón hallaría su hogar. El amor jamás debe ser una carga, porque hay algo más entre ambos que la presencia mutua.

El círculo de arraigo

Para expresar esta idea se necesita un término más vibrante que la manida palabra «relación». Las frases como «se cierra un antiguo círculo» o «un antiguo sentimiento de arraigo despierta y se descubre a sí mismo» ayudan a revelar el significado profundo y el misterio del encuentro. Expresan la unicidad y la intimidad en el lenguaje sagrado del alma. Cuando dos personas se aman, se produce una tercera fuerza entre ellas. A veces, cuando una amistad pasa por problemas no siempre puede solucionarse con interminables análisis y consejos, sino que es necesario cambiar el ritmo de los encuentros y entrar en contacto de nuevo con la antigua comunión que los reunió. Si ambos invocan su poder y presencia, esta antigua afinidad los mantendrá unidos. Dos personas realmente despiertas habitan un círculo de arraigo. Han despertado una antigua fuerza que las envolverá y las mantendrá unidas.

La amistad necesita ser nutrida. La gente, por lo general, dedica su atención a los acontecimientos de la vida, a sus circunstancias, trabajo y categoría social. Vuelcan la mayor parte de su energía en el hacer. El Maestro Eckhart escribió bellamente sobre esta tentación. Según él, muchas personas se preocupan por dónde deberían estar y qué deberían hacer, cuando en realidad tendrían que preocuparse por cómo ser. El amor es la región de mayor ternura en tu vida. En una cultura preocupada por lo establecido y las definiciones, y, por consiguiente, exasperada por el misterio, es difícil salir de la transparencia de la luz falsa para entrar en el tenue resplandor del mundo del alma. Tal vez la luz del alma sea como la de Rembrandt, esa luz ámbar y dorada por la que su obra es tan conocida, y que produce una sensación de profundidad y sustancia en las figuras sobre las que derrama suavemente su resplandor, y alcanza una profunda complejidad de presencia con el uso sutil de la sombra. Esa luz dorada y terrena es hermana natural de la sombra y cuna de la iluminación.

El kaliyana mitra

La tradición budista esconde un bello concepto de la amistad en la idea del *kaliyana mitra,* el «amigo noble». Tu *kaliyana mitra* no aceptará tus pretensiones, sino que te confrontará, con dulzura y mucha firmeza, con tu propia ceguera. Nadie puede ver su vida íntegramente. Así como la retina del ojo tiene un punto ciego, el alma también tiene una parte ciega que no puedes ver. Por eso debes depender del ser amado para que él vea por ti lo que tú no puedes ver.

Tu *kaliyana mitra* complementa tu visión de un modo amable y crítico. Es una amistad creativa y crítica que está dispuesta a recorrer los peligrosos y escabrosos territorios de la contradicción y el sufrimiento.

Uno de los anhelos más profundos del alma humana es el de ser visto. En el antiguo mito, Narciso ve su rostro reflejado en el agua y se obsesiona con él. Desgraciadamente, no existen espejos en los que se pueda ver el reflejo del alma. Ni siquiera se puede ver el propio cuerpo al completo. Si miras detrás de ti, dejas de mirar el frente. Tu yo jamás podrá verte íntegramente. Aquel que amas, tu *anam cara,* tu alma gemela, es el espejo más fiel de tu alma. La integridad y la claridad de la amistad verdadera muestran el auténtico contorno del espíritu. Es hermoso contar con semejante presencia en la vida.

El alma como eco divino

Tenemos capacidad para semejante amor y arraigo porque el alma contiene el eco de una intimidad primaria. Al hablar de asuntos primordiales, los alemanes emplean el término *ursprüngliche Dinge,* «cosas originales». Hay una *Ur-Intimität in der Seele,* es decir, «una intimidad primordial en el alma». Este eco original susurra en el corazón de cada ser humano. El alma no se inventó a sí misma. Es una presencia que viene del mundo divino, donde la intimidad no tiene límites ni barreras.

Si no te esfuerzas en la hermosa y difícil obra espiritual de aprender a amarte a ti mismo, no podrás amar a otro. Dentro de cada uno de nosotros hay, en el alma, una enriquecedora fuente de amor. En otras palabras, no necesitas buscar fuera de ti el significado del amor. Esto no tiene que ver con el egoísmo ni el narcisismo, que son obsesiones negativas sobre la necesidad de ser amado. Por el contrario, se trata del manantial del amor en el corazón. A causa de la necesidad de amor, las personas con vidas solitarias a menudo encuentran este gran manantial interior. Aprenden a despertar con sus murmullos la profunda fuente interior de amor. No se trata de obligarte a amarte a ti mismo, sino de ser reservado, de hacer que ese manantial de amor que constituye tu naturaleza más profunda atraviese toda tu vida. Cuando esto ocurre, la tierra que se ha endurecido en tu interior vuelve a ablandarse. La falta de amor lo endurece todo. No hay nadie más solitario en el mundo que aquel que se ha vuelto duro o frío, ya que la amargura y la frialdad son la derrota final.

Si descubres que tu corazón se ha endurecido, uno de los regalos que debes hacerte es el del manantial interior. Invita a esta fuente interior a liberarse. Debes trabajar en ti mismo para quitar sus sedimentos y para que, poco a poco, esas aguas nutritivas, en una hermosa ósmosis, penetren en la arcilla endurecida de tu corazón y la inunden. Entonces, ocurrirá el milagro del amor dentro de ti. Donde antes había tierra dura, yerma, impermeable y muerta, ahora hay crecimiento, color, enriquecimiento y vida que fluyen del hermoso manantial del amor. Ésta es una de las formas más creativas para transfigurar la negatividad que hay en nosotros.

Has sido enviado aquí para aprender a amar y a recibir amor. El mayor regalo que el nuevo amor trae a tu vida es el despertar del amor oculto en tu interior. Te hace independiente. Ahora puedes acercarte al otro, no por necesidad ni con el sistema agotador de la proyección, sino por una genuina intimidad, afinidad y comunión. Es una liberación. El amor debería liberarte de esa hambrienta y feroz necesidad que te impulsa continuamente a buscar afirmación, respeto y significación en cosas y personas más allá de ti. Ser santo es estar en casa, es ser capaz de descansar en ese hogar que llamamos alma.

El manantial de amor interior

Puedes buscar amor en lugares lejanos y desolados. Pero es un gran consuelo saber que hay un manantial de amor dentro de ti. Si confías en que ese manantial está ahí, podrás invitarlo a despertar. El siguiente ejercicio puede ayudarte a adquirir la conciencia de que eres capaz de hacerlo. Cuando estés a solas y tengas un momento libre, simplemente céntrate en el manantial, en la raíz de tu alma. Imagina esa corriente de arraigo, alivio, paz y regocijo. Con tu imaginación visual, siente cómo las refrescantes aguas del manantial llegan hasta las áridas tierras de esa parte abandonada de tu corazón. Es de gran ayuda imaginar esto durante unos instantes, antes de dormir. De ese modo, a lo largo de la noche, permanecerás en un constante flujo de enriquecimiento y arraigo. Al amanecer, cuando despiertes, descubrirás una hermosa y serena felicidad en tu espíritu.

Una de las cosas más valiosas que siempre debes conservar en la amistad y el amor es tu propia diferencia. Puede ocurrir que, dentro de un círculo de amor, uno tienda a imitar al otro o a imaginarse a imagen del otro. A pesar de que esto puede indicar un deseo de total compromiso, es también destructivo y peligroso. Había un anciano en una isla frente a la costa occidental de Irlanda que tenía una afición poco habitual: coleccionaba fotos de parejas recién casadas. Después, pasados unos diez años, hacía otra foto de la misma pareja. Con esta segunda foto demostraba cómo uno de ellos empezaba a parecerse al otro, ya que a menudo, en las relaciones, surge una sutil y peligrosa fuerza homogeneizadora. Lo irónico es que son precisamente las diferencias las responsables de la atracción entre dos personas. Por lo tanto, es importante mantener y fomentar estas diferencias.

El amor es también una fuerza luminosa que nos libera para que podamos habitar plenamente en la diferencia. No hay que imitar al otro ni tampoco ponerse a la defensiva en su presencia. El amor debe alentarnos y liberarnos para que podamos alcanzar nuestro potencial plenamente.

Para conservar la diferencia en el amor, debemos dar mucho espacio al alma. Resulta interesante que, en hebreo, una de las palabras utilizadas para designar la salvación también significa espacio. Si naciste en una granja, sabes que el espacio es vital, sobre todo si tienes que sembrar. Si plantas dos árboles muy juntos, se ahogarán mutuamente. Todo aquello que crece necesita sitio para desarrollarse. Dice Kahlil Gibran: «Que haya espacio en vuestra unión, que los vientos del cielo dancen entre vosotros». El espacio permite que tu diferencia encuentre su propio ritmo y su contorno. Yeats habla de «un pequeño espacio para que sea llenado por el aliento de la rosa». Una de las áreas del amor donde el espacio resulta más bello es el acto amoroso. El amado es aquel a quien puedes entregar tus sentidos en la plenitud del gozo, con el conocimiento de que los acogerá con ternura. Puesto que el cuerpo se encuentra en el alma, ésta lo baña con su luz, suave y sagrada. Hacer el amor no ha de ser un acto puramente físico o de liberación mecánica. Debe abarcar la profundidad espiritual que se despierta cuando entras en el alma de otra persona.

El alma es lo más íntimo de una persona. La conoces antes de conocer su cuerpo. Cuando alma y cuerpo son uno, penetras en el mundo del otro. Si se reconoce de un modo dulce y reverente la profundidad y la belleza de ese encuentro, las posibilidades de gozo y éxtasis del acto amoroso se extienden de un modo sorprendente. Esto liberará en ambos el manantial interior del amor más profundo. Los reunirá externamente con la tercera fuerza de luz, el antiguo círculo, que une las dos almas.

La transfiguración de los sentidos

En el área del amor sensual los místicos son los más fiables; en sus escritos hallamos una hermosa teología de la sensualidad. No aconsejan la negación de los sentidos, sino su transfiguración. Admiten que existe cierta gravedad u oscuridad en Eros que, a veces, puede predominar. La luz del alma puede transfigurar esta tendencia, aportando equilibrio y aplomo. La belleza de estas reflexiones místicas nos recuerda que Eros es, en última instancia, la energía de la creatividad divina. En la transfiguración de lo sensual, el lado salvaje de Eros y la parte más lúdica del alma entran en lírica armonía.

La Irlanda moderna ha recorrido un complejo y doloroso camino para reconocer y aceptar a Eros. En la antigua tradición irlandesa existía un importante reconocimiento del poder de Eros y del amor erótico. Una de sus expresiones más interesantes es el poema de Brian Merriman titulado *Cúirt an Mheáin Oidhce (*El patio a medianoche). Escrito en el siglo XVIII, muchos de sus fragmentos han sido relatados desde el punto de vista de la mujer, lo que le proporciona un enfoque libre y feminista. La voz femenina dice:

No soy gorda y maciza como una campana.
Labios para besar, dientes para sonreír,
piel lozana y frente brillante,
ojos azules y una cabellera espesa

que se me enrosca en el cuello.
Un hombre que busca esposa
tiene aquí un rostro que guardará de por vida.
Mano, brazo, cuello y pecho,
cada cual más apreciado.
¡Mira qué cintura! Mis piernas son largas
y flexibles como sauces, ligeras y fuertes.

Este poema es una celebración irreverente de lo erótico. Está desprovisto del lenguaje frecuentemente negativo de la moral que trata de dividir la sexualidad en pura e impura. Tratándose de criaturas de arcilla, sería superfluo emplear esos términos. ¿Cómo puede existir semejante pureza en una criatura de arcilla? Ésta es siempre una mezcla de luz y tinieblas. La belleza de Eros reside en sus umbrales de pasión, donde la luz y las tinieblas se encuentran en el interior de la persona. Tenemos que reimaginar a Dios como la energía del Eros transfigurador, fuente de toda creatividad.

Pablo Neruda escribió algunos de los más bellos poemas de amor. Dice: «Te traeré flores felices de las montañas, campanillas, oscuros avellanos y canastas rústicas de besos. Quiero hacer contigo lo que la primavera hace con los cerezos». Es un pensamiento muy hermoso; revela que el amor es el despertar de la primavera en el lado arcilloso del corazón. Yeats también escribió bellos versos de amor: «Pero un hombre amó tu alma peregrina, y amó los pesares de tu rostro cambiante». Estos poemas muestran un reconocimiento de las raíces más profundas y la presencia en el amado. El amor te ayuda a ver la naturaleza singular y especial del otro.

EL DON HERIDO

Uno de los grandes poderes del amor es el equilibrio, que nos ayuda a alcanzar la transfiguración. Cuando dos personas se unen, un antiguo círculo se cierra entre ellas. No llegan a la unión con las manos vacías, sino repletas de obsequios. Con frecuencia son regalos heridos, y esto despierta la dimensión sanadora del amor. Cuando amas de verdad a otro, derramas la luz de tu alma sobre él. La naturaleza nos enseña que la luz del sol hace crecer todas las cosas. Si contemplas las flores por la mañana temprano, en un día de primavera, verás que están cerradas. Cuando el sol las toca, se abren confiadas y se entregan a la nueva luz.

Cuando amas a una persona que está muy herida, una de las peores cosas que puedes hacer es sacar a relucir su dolor y convertirlo en objeto de discusión. Una extraña dinámica despierta en el alma si le das demasiada importancia. Se convierte en un hábito, en una pauta recurrente. Con frecuencia, es mejor simplemente reconocer la presencia de la herida, pero mantenerse alejado de ella. Siempre que puedas, báñala con la suave luz del alma. Recuerda que existen antiguas fuentes de renovación dentro del círculo que os ha reunido y os mantiene ligados. El destino de tu amor no depende únicamente de los frágiles recursos que vuestras subjetividades puedan aportar. Puedes invocar el poder curativo de la tercera fuerza luminosa que existe entre vosotros; ésta puede traer perdón, consuelo y sanación en los tiempos difíciles.

Cuando se ama a alguien, resulta destructivo arañar obsesivamente la arcilla del arraigo. Es conveniente no interferir en el amor. Dos personas que se aman jamás deben sentirse obligadas a explicar su amor a un tercero o el porqué de su unión. Su lugar de arraigo es un secreto. Sus almas conocen el secreto de su unión, y han de confiar en ésta. Si interfieres constantemente en tu conexión con el otro, con tu amante o tu *anam cara,* poco a poco provocarás una distancia entre vosotros dos. Hay un maravilloso poema de dos versos escrito por Thom Gunn que se titula *Jamesian.* Henry James, el más preciso y sutil de los novelistas, describía los más finos matices desde todos los ángulos. Pero un análisis tan puntilloso puede resultar obsesivo y destructivo para la presencia lírica del amor.

Su relación consistía
en discutir si ésta existía.

Si enfocas constantemente la luz de neón del análisis y la responsabilidad en el blando tejido de tu arraigo, éste se volverá reseco y árido.

Toda persona debería dar gracias por el amor que ha despertado en su ser. Cuando eres consciente del amor que sientes por la persona amada y del amor que ella siente por ti, deberías ofrecer la calidez de tu amor como una bendición para los heridos y faltos de amor. Envíalo al mundo, a los desesperados, a los que padecen hambre, a los que están encerrados en cárceles, en hospitales y en todos los lugares brutales de las vidas lúgubres y atormentadas. Cuando envías la riqueza de tu amor, éste llega a otros. Este amor encierra el poder más profundo de la oración.

EN EL REINO DEL AMOR NO HAY COMPETENCIA

La oración es el acto de enviar esa luz, desde la generosidad de tu amor, hacia otros para sanarlos, liberarlos y bendecirlos. Si hay amor en tu vida, compártelo espiritualmente con los que se ven llevados al borde mismo de la vida. La tradición celta asegura que al proyectar la bondad o al compartir lo que tenemos de bueno o feliz, recibiremos lo que hemos dado multiplicado por diez mil. No existe la competencia en el reino del amor; tampoco hay posesividad ni control. Cuanto más amor entregamos, más obtenemos. Recordamos aquí la idea de Dante de que el ritmo secreto del universo es el ritmo del amor que mueve las estrellas y los planetas.

Bendición de la amistad

Que seas bendecido con buenos amigos.
Que aprendas a ser buen amigo de ti mismo.
Que puedas llegar a ese lugar de tu alma donde residen
el gran amor, la calidez, el afecto y el perdón.
Que esto te cambie.
Que transfigure todo lo que hay de negativo,
distante o frío en ti.
Que te lleve a la verdadera pasión,
familia y afinidad de la comunión.
Que atesores amigos.
Que seas bueno con ellos y estés allí cuando te necesiten.
Que te den todas las bendiciones, estímulos, verdad
y luz que necesites para el viaje.
Que nunca estés solo.
Que estés siempre en el amable nido
de la comunión con tu anam cara.

2

HACIA UNA ESPIRITUALIDAD DE LOS SENTIDOS

LA CARA ES EL ICONO DE LA CREACIÓN

El paisaje es el hijo primogénito de la creación. Ya estaba aquí cientos de millones de años antes de que surgieran las flores, los animales o el ser humano. Estaba aquí por su cuenta. Es la presencia más antigua en el mundo, aunque necesita una presencia humana que lo reconozca. Podemos imaginar que, cuando surgió el primer rostro humano sobre la Tierra, los océanos callaron y los vientos se calmaron; es lo más asombroso de la creación. En el rostro humano, el universo anónimo adquiere intimidad. El sueño de los vientos y los océanos, el silencio de las estrellas y las montañas alcanzaron una presencia maternal en ese rostro. En él se expresa el calor secreto y oculto de la creación. La faz es el icono de la creación. En la mente humana, el universo entra en resonancia consigo mismo. La cara es el espejo de la mente. En el ser humano, la creación encuentra respuesta a su callada súplica de intimidad. La difusa e interminable naturaleza puede contemplarse en el espejo de la mente.

El rostro humano es un logro artístico. En esa pequeña superficie se puede expresar una variedad e intensidad sorprendente de presencia. No hay dos rostros idénticos. En cada uno se da una determinada variación de presencia. Cuando amas a otro, y experimentas una separación prolongada, resulta maravilloso recibir una carta, una llamada telefónica o, incluso, sentir la presencia de la persona amada en el silencio de tu propio espíritu. Pero aún es más profunda la emoción del regreso, porque ver el rostro amado se convierte, entonces, en una fiesta. En él ves la intensidad y la profundidad de la presencia amorosa que te contempla y va a tu encuentro. Es hermoso volver a veros. En África, ciertas formas de saludo se traducen como «te veo». En Connemara, para expresar admiración o popularidad se emplea la frase *Tá agaidh an phobail ort*, es decir, «el rostro del pueblo se vuelve hacia ti».

Cuando se vive en el silencio y la soledad del campo, las ciudades pueden resultar abrumadoras. Hay un número increíble de rostros por sus calles; rostros extraños que se mueven rápida e intensamente. Cuando los observas, ves las imágenes de la intimidad particular de sus vidas. En cierto sentido, el rostro es el icono del cuerpo, la parte donde se manifiesta el mundo interior de la persona, la autobiografía sutil, pero visual, de cada uno. Por más que te esfuerces en ocultar la historia recóndita de tu vida, jamás podrás esconder tu rostro. Éste revela el alma; es el lugar donde la divinidad de la vida interior encuentra su eco e imagen. Cuando contemplas un rostro, miras en lo más profundo de la vida de esa persona.

LA SANTIDAD DE LA MIRADA

Un periodista amigo mío conoció en Sudamérica a un viejo jefe indígena a quien quería entrevistar. El jefe accedió a condición de que previamente pasaran juntos algún tiempo. El periodista asumió que, durante ese tiempo, mantendrían una conversación normal. Sin embargo, el jefe se lo llevó aparte y lo miró a los ojos, en silencio. Al principio, mi amigo se asustó. Tuvo la impresión de que su vida estaba totalmente expuesta a la mirada y el silencio de un extraño. Después, el periodista comenzó a profundizar en su propia mirada, y se contemplaron mutuamente durante más de dos horas. Al cabo de ese tiempo, era como si se conocieran de toda la vida. La entrevista era innecesaria. En cierto sentido, mirar el rostro de otra persona equivale a penetrar en lo más profundo de su vida.

Nos precipitamos cuando damos por sentado que compartimos un solo mundo con los demás. Es cierto que, a nivel objetivo, habitamos el mismo espacio físico que los demás; al fin y al cabo, el cielo es la única constante visual que une nuestra percepción de estar en el mundo. Pero este mundo exterior no permite el acceso al mundo interior del individuo. En un nivel más profundo, cada uno es custodio de un mundo privado, individual. A veces nuestras creencias, opiniones y pensamientos son, en última instancia, una manera de consolarnos con la idea de que no sobrellevamos el peso de un mundo interior singular. Nos agrada simular que pertenecemos al mismo mundo, pero estamos más solos de lo que pensamos. Esta soledad no sólo se debe a las diferencias que existen entre nosotros; deriva del hecho de que cada uno está alojado en un organismo distinto. La idea de la vida humana alojada en un cuerpo es fascinante. Por ejemplo, cuando alguien te visita en tu casa, lo hace corporalmente. Lleva a tu hogar su mundo interior, sus vivencias y memorias a través del vehículo de su cuerpo. Durante su visita, su vida no está en otra parte; se encuentra totalmente contigo, junto a ti, buscándote. Al finalizar la visita, su cuerpo se endereza y se aleja llevando consigo ese mundo oculto. Reconocer que esto es así también ilumina el misterio del acto amoroso. No sólo son dos cuerpos, sino dos mundos que se unen; se rodean y fluyen entre sí. A causa de este mundo infinito y desconocido de nuestro interior, somos capaces de generar semejante belleza, gozo y amor.

LA INFINITUD DE TU INTERIORIDAD

El ser humano es un umbral donde se encuentran muchas infinitudes: la del espacio que se extiende hasta los confines del cosmos, la del tiempo que se remonta a miles de millones de años o la del microcosmos: una mota en tu pulgar que contiene un cosmos interior, tan pequeño que es invisible para el ojo. La infinitud a nivel microscópico resulta tan fascinante como la del cosmos. Sin embargo, la que a todos persigue y nadie puede sofocar es la de la propia interioridad. Detrás de cada rostro se oculta un mundo. En algunos se hace visible la vulnerabilidad de la exposición interna a esas profundidades. En otros, ves aflorar la turbulencia del infinito. Ese momento puede surgir a través de la mirada de un extraño o durante una conversación con un conocido. Bruscamente, sin intención ni conciencia de ello, la mirada se convierte en el vehículo de una presencia interior primaria. Durante un brevísimo instante aflora algo más que la persona. Otra infinitud, aún sin nacer, se presenta vagamente. Te sientes contemplado desde la insondable eternidad, ya que esa infinitud que te mira proviene de un tiempo remoto. No podemos aislarnos de lo eterno. Sin esperarlo, éste nos mira y nos perturba a través de las súbitas oquedades de nuestra vida rígida. Una amiga aficionada a los encajes suele decir que la belleza de éstos reside en los agujeros. Nuestra experiencia tiene estructura de encaje.

El rostro humano es portador y expositor del misterio de la vida individual. Desde él, el mundo privado e interno de la persona se proyecta al mundo anónimo. Es el punto de encuentro de dos territorios desconocidos: la infinitud del mundo exterior y el mundo interior inexplorado al que únicamente el individuo puede acceder. Éste es el mundo nocturno que se halla más allá de la luminosidad del rostro. La sonrisa de un rostro es una sorpresa o una iluminación. Cuando una sonrisa aflora en la faz, es como si súbitamente se iluminara la noche interior del mundo oculto. Heidegger dijo en una bella frase que somos custodios de umbrales remotos y profundos. En el rostro humano se puede ver el potencial y el milagro de las posibilidades que nunca mueren.

Nuestra cara es el pináculo del cuerpo. Éste es tan antiguo como la arcilla del universo de la que está hecho; los pies en el suelo son una conexión constante con la Tierra. A través de los pies, tu arcilla privada está en contacto con la arcilla de la cual emergiste. Por consiguiente, tu rostro, en la cumbre de tu cuerpo, significa el ascenso de tu arcilla vital hasta la intimidad y la posesión del yo. Es como si la arcilla de tu organismo se volviera íntima y personal a través de las expresiones siempre nuevas de tu rostro. Bajo la bóveda del cráneo, el rostro es el lugar donde la arcilla de la vida adquiere una presencia verdaderamente humana.

El rostro y la segunda inocencia

Tu rostro es el icono de tu vida. En el rostro humano, una vida contempla el mundo y a la vez se contempla a sí misma. Resulta aterrador observar un semblante donde el resentimiento y el rencor se han hospedado. Si una persona ha llevado una vida lúgubre, gran parte de su negatividad puede quedar para siempre. El rostro, en lugar de ser una presencia cálida, se convierte en una dura máscara. Una de las palabras más antiguas para referirse a la persona es el término griego *prosopon*, que en su origen designaba la máscara que llevaban los actores. Cuando la transfiguración no alcanza al resentimiento, la ira o el rencor, el rostro se convierte en una máscara. Sin embargo, lo contrario también ocurre. Por ejemplo, en la hermosa presencia de un rostro anciano, profundamente arrugado por el tiempo y las experiencias de la vida, que conserva una bella inocencia. Aunque la vida haya dejado en él una huella de cansancio y dolor, esa persona no ha permitido que ésta corroyera su alma. Ese rostro proyecta al mundo una bella luz, una luminosidad que produce una sensación de santidad e integridad.

Tu rostro siempre revela quién eres y lo que la vida te ha hecho. Sin embargo, es difícil que uno mismo pueda contemplar la forma de su propia vida, por estar demasiado cerca. Son los otros quienes pueden desentrañar buena parte de tu misterio al ver tu faz. Los retratistas afirman que pintar el rostro humano es muy difícil. Se dice que los ojos son la ventana del alma. También es difícil plasmar la boca en un retrato. De forma misteriosa, la línea de la boca parece revelar el contorno de la vida; unos labios apretados suelen reflejar cierta mezquindad de espíritu. Hay una extraña simetría en el modo en que el alma escribe la historia de su vida en los rasgos de un rostro.

El cuerpo es el ángel del alma

El cuerpo humano es hermoso. Estar en un cuerpo es un gran privilegio. Te relacionas con un lugar a través de él. No es casual que a los hombres siempre les haya fascinado el concepto de lugar, que nos ofrece una patria; sin él, no tendríamos el concepto de «dónde». El paisaje es la última expresión del dónde, y en él la casa que llamamos nuestra es nuestro lugar íntimo. La casa es decorada y personalizada; asume el alma de sus habitantes y se convierte en el espejo de su espíritu. Sin embargo, en un nivel más profundo, el lugar más íntimo es el cuerpo. Tu cuerpo es tu casa de arcilla; la única patria que posees en este universo. En tu cuerpo y a través de él, tu alma se vuelve visible y real para ti. Tu cuerpo es la casa de tu alma en la Tierra.

A veces parece existir un extraño paralelismo entre el alma y la forma del cuerpo. Esto no ocurre en todos los casos, pero con frecuencia permite entrever la naturaleza del mundo interior de la persona. Existe una relación secreta entre nuestro ser físico y el ritmo de nuestra alma. El cuerpo es el lugar donde el alma se revela. Un amigo de

Connemara una vez me dijo que el cuerpo es el ángel del alma: la expresa y se preocupa por ella; por ese motivo debemos cuidarlo con amor. Con frecuencia se convierte en el chivo expiatorio de los desengaños y venenos de la mente. Una increíble inocencia primordial, luminosidad y bondad lo rodean. Es el ángel de la vida.

El cuerpo puede albergar una gran variedad e intensidad de presencia. El teatro es un buen ejemplo de ello. El actor tiene suficiente espacio interior para asumir un personaje y permitirse habitarlo totalmente, de manera que la voz, la mente y la acción de éste se expresan de manera sutil e inmediata a través de su cuerpo. Éste encuentra su expresión más exuberante en la danza, esa maravillosa escultura en movimiento. El cuerpo da forma al vacío de una manera emocionante y majestuosa. Un ejemplo fascinante es la tradicional danza irlandesa *sean nos*, en la que el bailarín expresa la agitación salvaje de la música.

Se cometen muchos pecados contra el cuerpo, incluso en una religión basada en la idea de la encarnación. La religión a menudo lo presenta como fuente del mal, ambigüedad, lujuria y seducción. Este concepto es falso e irreverente, ya que el cuerpo es sagrado. El origen de estas concepciones negativas está en interpretaciones erróneas de la filosofía griega. La belleza del pensamiento griego reside precisamente en el énfasis que ponía en lo divino. Éste les obsesionaba y trataron de reflejar, en el lenguaje y conceptualmente, la expresión de su presencia. Eran muy conscientes del peso del cuerpo y de cómo éste parecía atraer lo divino hacia la Tierra. Malinterpretaron esta atracción terrena, al ver en ella un conflicto con el mundo de lo divino. No concebían la encarnación ni tenían la menor idea de la resurrección.

Cuando la tradición cristiana incorporó la filosofía griega, introdujo esta dualidad en su mundo intelectual. Se concebía el alma como algo bello, brillante y bueno. El deseo de estar con Dios era propio de su naturaleza y, si no fuera por el peso indeseable del cuerpo, el alma habitaría constantemente lo eterno. Así, el cuerpo se volvió sospechoso en la tradición cristiana. En ella, jamás floreció una teología del amor erótico. Uno de los pocos textos donde aparece lo erótico es el *Cantar de los Cantares*, que celebra lo sensual y sensorial con una pasión y ternura maravillosas. Este texto es una excepción, y su admisión en el canon de las Escrituras resulta sorprendente, ya que en la tradición cristiana posterior, y sobre todo en la patrística, el cuerpo es siempre objeto de suspicacia y existe una obsesión negativa por la sexualidad. El sexo y la sexualidad surgen como peligros en el camino hacia la salvación eterna. La tradición cristiana denigra y maltrata la presencia sagrada del cuerpo. Sin embargo, también ha sido una maravillosa fuente de inspiración para muchos artistas. Un bello ejemplo de ello es *El éxtasis de santa Teresa* de Bernini, donde el cuerpo de la santa es presa de un éxtasis en el que se unen lo sensual y lo místico.

EL CUERPO COMO ESPEJO DEL ALMA

El cuerpo es un sacramento. La antigua y tradicional definición de la palabra «sacramento» lo define maravillosamente. Un sacramento es una señal visible de una gracia invisible. En esta definición se reconoce, de un modo sutil, que el mundo invisible se expresa en el visible. El deseo de expresión reside en lo más profundo del mundo invisible. Nuestra vida interior y la intimidad del alma anhelan encontrar un espejo exterior. Anhelan una forma que les permita ser vistas, percibidas y tocadas. El cuerpo es el espejo en el que el mundo secreto del alma se expresa, un umbral sagrado que merece ser respetado, cuidado y comprendido en su dimensión espiritual. Esta visión de nuestro organismo ha sido bellamente expresada en una sorprendente frase de la tradición católica: «El cuerpo es el templo del Espíritu Santo». El Espíritu Santo mantiene alerta y personificada la intimidad y la distancia de la Trinidad. Decir que el cuerpo es el templo del Espíritu Santo es reconocer que está imbuido de una divinidad salvaje y vital. Este concepto teológico revela que lo sensorial es sagrado desde el punto de vista más profundo.

El cuerpo también es muy sincero. Sabes por experiencia que rara vez miente. Tu mente puede engañarte y alzar toda clase de barreras entre tú y tu naturaleza; pero tu cuerpo no miente. Si lo escuchas, te dirá cómo se encuentra tu vida y si la vives desde el alma o desde los laberintos de tu negativismo. La inteligencia del cuerpo es maravillosa.

Todos nuestros movimientos, todo lo que hacemos, demanda de cada uno de nuestros sentidos la más refinada y detallada cooperación.

El cuerpo humano es la totalidad más compleja, refinada y armoniosa. Es tu única casa en el universo, la casa de tu arraigo en el mundo, un templo muy sagrado. Cuando observas en silencio el misterio de tu cuerpo, te acercas a la sabiduría y la santidad. Desgraciadamente, sólo cuando estamos enfermos comprendemos lo tierna, frágil y valiosa que es la casa de arraigo que llamamos cuerpo. Cuando visitamos personas enfermas o que esperan una intervención quirúrgica, conviene animarlas a que hablen con la parte de su cuerpo que está mal. Sugiéreles que se dirijan a él como lo harían con un socio, que le agradezcan los servicios prestados y los padecimientos sufridos, y le pidan perdón por las presiones que ha tenido que soportar. Cada parte del organismo guarda la memoria de sus experiencias.

Tu cuerpo es esencialmente una multitud de miembros que trabajan en armonía para que tu arraigo al mundo sea posible. Debemos evitar esa falsa dualidad que separa el alma del cuerpo. El alma no se limita a estar en el cuerpo, oculta en alguno de sus recovecos. Más bien, sucede lo contrario. Tu cuerpo está en el alma, la cual te abarca totalmente. Por eso, una secreta y hermosa luz del alma te rodea. Este reconocimiento sugiere un nuevo arte de oración: cierra los ojos y relaja tu cuerpo. Imagina una luz a tu alrededor, la luz de tu alma. Luego, con tu respiración, introduce esa luz en tu cuerpo y llévala a todos los rincones.

Ésta es una bella forma de rezar porque introduces, en la tierra física y en la arcilla de tu presencia, la luz del alma, el refugio en la sombra que te rodea. Una de las meditaciones más antiguas consiste en imaginar que espiras oscuridad o un residuo de carbón interno. Conviene alentar a los enfermos a que recen de esta manera. Cuando introduces la luz purificadora del alma en tu cuerpo, sanas las partes descuidadas de ti que están enfermas. Tu cuerpo tiene un conocimiento íntimo de ti; conoce tu espíritu y la vida de tu alma. Conoce, antes que tu mente, el privilegio de estar aquí. También es consciente de la presencia de la muerte. En tu presencia física corporal hay una sabiduría brillante y profunda. Con frecuencia, las enfermedades nos asaltan a consecuencia del descuido de nosotros mismos, de no escuchar la voz del cuerpo. Su voz interior quiere hablarnos, comunicarnos las verdades que existen bajo la rígida superficie de nuestra vida exterior.

Para los celtas, lo visible y lo invisible son uno

En el mundo de la espiritualidad, el cuerpo ha sido contemplado de un modo tan negativo porque el espíritu se asocia más con el aire que con la tierra. El aire es la región de lo invisible, del aliento y el pensamiento. Cuando el espíritu se limita a esta región, lo físico se denigra. Esto es un gran error, porque en el mundo no hay nada tan sensual como Dios. El desenfreno de Dios es su sensualidad. La naturaleza es una clara expresión de la imaginación divina, el reflejo más íntimo del sentido de la belleza de Dios, la madre de toda sensualidad; por eso no es ortodoxo concebir el espíritu únicamente en términos de lo invisible. Irónicamente, el poder y la energía de la divinidad y el espíritu provienen de esta tensión entre lo visible y lo invisible. Todo lo que existe en el mundo del alma anhela adquirir forma visible; ahí reside el poder de la imaginación.

La imaginación es la facultad que tiende un puente entre lo visible y lo invisible, los representa y articula. En el mundo celta existía una hermosa intuición acerca de cómo lo visible y lo invisible entraban y salían uno del otro. En el oeste de Irlanda abundan las historias de fantasmas, espíritus o hadas asociados a determinados territorios. Para los vecinos del lugar, estas leyendas eran tan familiares como el paisaje. Por ejemplo, existe la tradición de no talar jamás un arbusto aislado en un prado porque puede ser un lugar de reunión de los espíritus. Hay muchos lugares que son considerados fortalezas de hadas. Los vecinos jamás construían allí ni se entrometían en esas tierras sagradas.

Los hijos de Lir

Uno de los aspectos más asombrosos del mundo celta es la idea del cambio de forma. Esto sólo es posible cuando lo físico está vivo y es pasional. La esencia o alma de una cosa no se limita a su forma particular o actual. La fluidez y energía del alma no admite que ésta quede encerrada en una forma rígida. Por consiguiente, en la tradición celta, hay un constante fluir entre el alma y la materia, al igual que entre el tiempo y la eternidad. El cuerpo humano también participa de este ritmo, porque es espejo y expresión del mundo del alma. Uno de los ejemplos más conmovedores de esto en la tradición celta es la bella leyenda de los hijos de Lir.

En la mentalidad irlandesa tenía una importancia especial el mundo mitológico de los Tuaithe Dé Dannan, la tribu que vivía debajo de la superficie de la tierra de Irlanda. Este mito ha dado al paisaje irlandés una dimensión y una presencia sobrecogedoras. Lir era un jefe del mundo de los Tuaithe Dé Dannan y estaba en conflicto con el rey de la región. Para resolverlo, se llegó a un acuerdo matrimonial: el rey, que tenía tres hijas, ofreció a Lir que se casara con una de ellas. Contrajeron matrimonio, tuvieron dos hijos y después otros dos, pero, desgraciadamente, la esposa de Lir murió. Lir acudió al rey, que le entregó a su segunda hija. Ésta cuidaba bien de la familia, pero, al ver que Lir prestaba casi toda su atención a sus hijos, empezó a sentir celos. También observó que su padre, el rey, mostraba un especial afecto por los niños. Con el paso de los años, los celos fueron creciendo en su corazón hasta que un día se llevó a los niños en su carro y con una varita mágica de los druidas los transformó en cisnes. Los niños fueron condenados a vagar durante novecientos años por los mares de Irlanda. Bajo sus formas de cisne, conservaban su mente e identidad humanas. Cuando el cristianismo llegó a Irlanda, fueron devueltos a su forma humana, pero como ancianos decrépitos. Esta descripción del tránsito por la soledad bajo formas animales imbuidas de presencia humana es verdaderamente conmovedora. Esta historia profundamente celta muestra cómo el mundo de la naturaleza tiende un puente al mundo animal. También demuestra que existe una profunda confluencia de intimidad entre el mundo humano y el animal. Como cisnes, los cantos de los hijos de Lir tenían el poder de curar y de consolar a las personas. El dramatismo de la historia se ve profundizado por la vulnerable franqueza del mundo animal con relación a la humana.

Los animales son más antiguos que nosotros. Aparecieron sobre la superficie de la Tierra muchos milenios antes que los humanos. Son nuestros hermanos más remotos. Su presencia carece de fisuras: tienen una lírica unidad con la Tierra. Viven en el viento, en las aguas, en los montes y en la arcilla. El conocimiento de la Tierra está en ellos. El silencio del zen y la presencia del paisaje se reflejan en el silencio y la soledad de los animales. Ellos no saben nada de Freud, Jesús, Buda, Wall Street, el Pentágono o el Vaticano. Viven fuera de la política de las intenciones humanas. De algún modo, habitan la eternidad. El arraigo y la sabiduría del mundo animal fueron reconocidos en la filosofía celta. La dignidad, belleza y sabiduría del mundo animal no se veían mermadas por las falsas jerarquías o la soberbia humana. En algún lugar de la mente celta existía la percepción de que los humanos son los herederos de este mundo más profundo. Esta idea fue expresada, de un modo festivo, en este poema del siglo IX:

El erudito y su gato

Yo y Pangur Bán, mi gato,
nos dedicamos a nuestras respectivas tareas:
a él le gusta cazar ratones,
a mí cazar palabras por la noche.
Mejor que las alabanzas de los hombres es sentarse
con un libro y una pluma. Pangur Bán no me envidia:
él a sus cosas se dedica.
Es muy divertido ver
lo felices que somos cuando trabajamos,
cuando solos en la casa nos sentamos
y nuestras mentes entretenemos.
A veces un ratón se cruza
en el camino de Pangur.
A veces un pensamiento entusiasta adquiere,
para mí, un nuevo significado.
Él fija la mirada en la pared;
entero, fiero, agudo y astuto.
En el muro del conocimiento
pongo a prueba mi pequeña sabiduría.
Cuando un ratón sale de su guarida,
qué alegría para Pangur.

Y qué felicidad la mía
cuando resuelvo las dudas que tanto amo.
En paz nos entregamos a nuestras tareas
Pangur Bán y yo.
En nuestras artes encontramos el éxtasis,
yo tengo la mía, y él la suya.
Practicamos todos los días,
Pangur es perfecto en sus asuntos.
Yo adquiero sabiduría día y noche
convirtiendo la oscuridad en luz.

Para los celtas, el mundo siempre es, de un modo latente y activo, espiritual. El poder del lenguaje del mundo celta también pone de manifiesto la profundidad de este intercambio. El lenguaje tenía la capacidad de provocar acontecimientos y adivinarlos. Los cánticos y sortilegios tenían poder para revertir el curso de un destino negativo y crear algo nuevo y bueno en su lugar. En el mundo sensorial de este pueblo, no existían barreras entre el alma y el cuerpo. Cada uno era natural para el otro. Cuerpo y alma eran hermanos. Por entonces, aún no existía la escisión negativa de la moral dualista cristiana que, más adelante, haría tanto daño a estas bellas presencias unidas en un abrazo común. El mundo de la conciencia celta disfrutaba de esa espiritualidad sensual, unificada y lírica.

Cuando recuperamos el sentido sagrado del cuerpo, podemos alcanzar nuevos niveles de curación, creatividad y comunión. La poesía de Paul Celan posee una sutil sensualidad;

con el lenguaje de los sentidos nos permite entrar en su profundo y complejo mundo espiritual:

No busques en mis labios tu boca,
ni en la puerta al extraño,
ni en el ojo la lágrima.

El mundo de los sentidos sugiere un mundo más profundo, lleno de luz y posibilidad.

UNA ESPIRITUALIDAD DE LA TRANSFIGURACIÓN

La espiritualidad es el arte de la transfiguración. No debemos forzarnos a cambiar a base de golpes para adaptarnos a una forma predeterminada. No necesitamos vivir conforme a un programa o plan de vida preestablecidos. Más bien debemos practicar el nuevo arte de la atención al ritmo interior de nuestros días y nuestra vida. De esa manera adquiriremos una nueva conciencia de nuestra presencia divina y humana. Todos los padres conocen algún ejemplo drástico de esta clase de transfiguración. Aunque vigilan cuidadosamente a sus hijos, éstos un buen día los sorprenden: pueden reconocerlos, pero el conocimiento que tienen de ellos resulta insuficiente. Entonces, necesitan volver a escucharlos.

Resulta mucho más creativo trabajar con la idea de la atención que con la de la voluntad. Con demasiada frecuencia, la gente trata de cambiar su vida, usando la voluntad como si se tratara de un martillo para darle la forma adecuada. El intelecto identifica el objetivo del plan y la voluntad obliga a la vida a tomar la forma correspondiente. Este modo de afrontar lo sagrado de la propia presencia es violento y externo. Te saca de ti mismo equivocadamente y puedes pasar años perdido en la jungla de tus mecánicos planes espirituales. Podrías perecer a causa de un hambre que tú mismo has provocado.

Si trabajas a un ritmo diferente, regresarás a ti mismo de un modo fácil y natural. Tu alma conoce la geografía de tu destino. Sólo ella tiene el mapa de tu futuro; por ese motivo, puedes confiar en esa parte indirecta y oblicua de tu ser. Si lo haces, te llevará a donde necesitas ir; y, lo que es más importante, te enseñará un ritmo benigno para tu viaje. No existen leyes generales para el arte de ser. Pero la firma de este particular viaje está grabada profundamente en tu alma. Si te ocupas de tu ser y buscas alcanzar tu propia presencia, hallarás el ritmo exacto de tu vida. Los sentidos son caminos generosos que pueden llevarte a tu casa.

Podrás lograr la renovación, una completa transfiguración, si prestas atención a tus sentidos. Ellos son los guías para llegar a lo más profundo del mundo interior de tu corazón. Los principales filósofos coinciden en que el conocimiento llega, en gran parte, a través de los sentidos. Ellos son nuestros puentes con el mundo. La piel humana es porosa; el mundo fluye a través de ti. Tus sentidos son poros enormes que permiten que el mundo entre en ti. Si sintonizas con la sabiduría de tus sentidos, jamás serás un exiliado en tu propia vida, un forastero perdido en un lugar espiritual exterior construido por tu voluntad y tu intelecto.

LOS SENTIDOS COMO UMBRALES DEL ALMA

Durante mucho tiempo hemos creído que lo divino está fuera de nosotros. Esta creencia ha dañado nuestros anhelos de un modo desastroso. Nos ha hecho solitarios, ya que es el anhelo humano lo que nos vuelve santos. El anhelo es lo más hermoso que hay en nosotros. Es espiritual, tiene profundidad y sabiduría. Si enfocas tu anhelo en una divinidad remota, lo sometes a una injusta tensión. Así, a menudo ocurre que el anhelo busca lo divino, pero el esfuerzo excesivo lo obliga a replegarse sobre sí mismo hasta convertirlo en cinismo, vacío o negativismo. Esto puede destruir la sensibilidad. No necesitamos forzar nuestros anhelos. Si creemos que el cuerpo está en el alma y que ésta es sagrada, la presencia de lo divino se encuentra aquí, cerca de nosotros.

Al estar en el alma, el cuerpo hace de los sentidos sus umbrales hacia ella. Cuando tus sentidos se abren al mundo, la primera presencia que encuentran es la de tu alma. Ser sensual o sensorial es estar en presencia de la propia alma. Wordsworth, conocedor de la dignidad de los sentidos, escribió que «el placer es el tributo que debemos a nuestra dignidad como seres humanos». Ésta es una visión profundamente espiritual. Tus sentidos te vinculan íntimamente con lo divino que hay en ti y a tu alrededor. Cuando sintonizas con los sentidos, puedes devolver flexibilidad a una creencia que se ha vuelto rígida y suavidad a una visión endurecida. Puedes templar y curar los sentimientos atrofiados, esas barreras que nos destierran de nosotros mismos y nos separan de los demás. Entonces, dejamos de estar desterrados de esa maravillosa cosecha de divinidad que se esconde en nuestro interior. Aunque consideremos cada sentido por separado, es importante comprender que siempre actúan juntos. Se superponen. Lo vemos en las diferentes respuestas que las personas tenemos ante el color. Esto significa que la percepción del color no es meramente visual.

El ojo es como el amanecer

Consideremos en primer lugar el sentido de la vista. El ojo humano es donde se concentra y se hace accesible la intensidad de la presencia humana. El universo encuentra en él su reflejo y comunión más profundos. Me imagino a las montañas soñando con la llegada de la visión. Cuando el ojo se abre, es como si se produjera el alba en la noche. Al levantar el párpado, encuentra un mundo nuevo. El ojo también es la madre de la distancia. Al abrirse, nos muestra que el mundo y los demás están fuera, distantes de nosotros. El estímulo que ha animado a la filosofía occidental es el deseo de reunir el sujeto con el objeto. Tal vez sea el ojo, como madre de la distancia, el que separa al sujeto del objeto. Sin embargo, el infinito, de alguna forma, invierte la percepción que tenemos de cada objeto. Joseph Brodsky dijo: «Un objeto hace del infinito algo privado».

Pero en un sentido maravilloso, el ojo, como madre de la distancia, nos lleva a preguntarnos por el misterio y la alteridad de todo lo que está fuera de nosotros. En este sentido, el ojo es también la madre de la intimidad, ya que nos acerca lo otro. Cuando realmente contemplas algo, lo incorporas a ti. Podría escribirse una bella obra espiritual sobre el carácter sagrado de la contemplación. Lo opuesto sería la mirada escrutadora. Cuando te escrutan, el ojo del otro es tiránico. Te conviertes en objeto de la mirada del otro, de un modo humillante, invasivo y amenazante.

Al mirar algo profundamente, se convierte en parte de ti. Éste es uno de los aspectos más siniestros de la televisión. La gente mira constantemente imágenes falsas y vacías, imágenes empobrecedoras que pasan a ocupar el mundo interior de su corazón. El mundo moderno de la imagen y los medios electrónicos nos hace pensar en la maravillosa alegoría de la cueva de Platón. Los prisioneros, encadenados y alienados, contemplan la pared de la cueva. El fuego que arde a sus espaldas proyecta imágenes en la pared, que los prisioneros creen que son reales, pero no se trata más que de sombras reflejadas. La televisión y el mundo informático son enormes campos de sombras vacías. Observar algo que pueda devolverte la mirada o que tenga reserva y profundidad puede curar tus ojos y agudizar tu sentido de la vista.

Existen personas físicamente ciegas, que han vivido siempre en un único paisaje de tinieblas. Nunca han visto una ola, una piedra, una estrella, una flor, el cielo ni la cara de otro ser humano. Sin embargo, hay otras con visión perfecta que son totalmente ciegas. El pintor irlandés Tony O'Malley es un genial artista de lo invisible; en una bella introducción a su obra, el artista inglés Patrick Heron dijo: «A diferencia de la mayoría de las personas, Tony O'Malley anda por el mundo con los ojos abiertos».

Muchos hemos convertido nuestro mundo en algo tan familiar que ya no lo vemos. Una interesante pregunta que podrías hacerte esta noche es: ¿qué he visto realmente hoy? Te podrías sorprender de lo que no has visto. Tal vez tus ojos han sido reflejos condicionados que han operado durante todo el día de manera automática, sin conciencia ni reconocimiento. Al mirar hacia fuera, tal vez no te hayas detenido ni prestado atención. El campo visual siempre es complejo, los ojos no pueden abarcarlo todo. Si tratas de captar todo el campo visual, éste se vuelve indefinido y borroso; y si te concentras en un único aspecto, lo ves claramente, pero pierdes de vista la totalidad. El ojo humano siempre selecciona lo que quiere ver, y evita lo que no quiere ver. La pregunta crucial es qué criterio empleamos para decidir qué queremos y qué no queremos ver. Esa estrechez de miras es la causa de muchas vidas limitadas y negativas.

El hecho de que aquello que vemos y cómo lo vemos determina cómo y quiénes somos es una sorprendente verdad. Un punto de partida interesante para el trabajo interior es explorar la manera particular que tenemos de ver las cosas. Pregúntate: ¿cómo contemplo el mundo? La respuesta a esta pregunta te permitirá descubrir tus patrones de visión específicos.

Estilos de visión

Para el ojo temeroso, todo es amenazante. Si miras al mundo con temor, sólo podrás ver las cosas que pueden dañarte o amenazarte y concentrarte en ellas. El ojo temeroso siempre está acosado por las amenazas.

Para el ojo codicioso, todo se puede poseer. La codicia es una de las fuerzas más poderosas del mundo occidental moderno. Lo triste es que el codicioso jamás disfrutará de lo que tiene, porque sólo puede pensar en aquello que aún no posee: tierras, libros, empresas, ideas, dinero o arte. El motor y la aspiración de la codicia siempre son los mismos. La felicidad es posesión, pero lamentablemente el afán de posesión nunca cesa; el hambre interior es insaciable. La codicia es dramática porque está siempre acosada por la posibilidad futura; jamás presta atención al presente. Sin embargo, el aspecto más siniestro de la codicia es su capacidad para anestesiar y anular el deseo. Destruye la inocencia natural del deseo, desmantela sus horizontes y los reemplaza por una posesividad ofensiva y atrofiada. Esta codicia envenena la Tierra y empobrece a sus habitantes. Tener se ha convertido en el enemigo siniestro de ser.

Para el ojo que juzga, todo está encerrado en marcos inamovibles. Cuando mira hacia el exterior, ve las cosas en términos lineales y cuadrados. Siempre es excluyente y separatista, y es por eso por lo que jamás mira con espíritu de comprensión o celebración. Ver es juzgar. Lamentablemente, el ojo que juzga es igualmente severo consigo mismo. Sólo ve las imágenes de su atormentado interior proyectadas hacia el exterior desde su yo. El ojo que juzga recoge la superficie reflejada y la llama verdad. No posee el don de perdonar ni la imaginación suficiente para llegar al fondo de los asuntos, donde la verdad es siempre una paradoja. Una cultura dirigida por las imágenes es el corolario de la ideología del juicio superficial.

El ojo rencoroso todo lo envidia. Los que han permitido que se forme el cáncer del resentimiento en su visión jamás pueden disfrutar de lo que son o de lo que tienen. Siempre miran a los demás con resentimiento. Tal vez los vean más bellos, inteligentes o ricos que ellos. El ojo rencoroso vive de su pobreza y descuida su propia cosecha interior.

Al ojo indiferente nada le interesa ni despierta. La indiferencia es uno de los rasgos de nuestra época, y se dice que es imprescindible para obtener poder. Para controlar a los demás se necesita ser indiferente a las necesidades y vulnerabilidades de los controlados, de tal manera que la indiferencia exige un gran compromiso de no ver. Para ignorar las cosas se precisa de una gran energía mental. Sin que lo sepas, la indiferencia puede llevarte más allá de las fronteras de la comprensión, la sanación y el amor. Cuando te vuelves indiferente, cedes todo tu poder. Tu imaginación se fija únicamente en el limbo del cinismo y la desesperación.

Para el ojo inferior, todos los demás son maravillosos. Los otros siempre son más hermosos, inteligentes y dotados que uno mismo. El ojo inferior siempre aparta la vista de sus propios tesoros. Es incapaz de celebrar su presencia ni su potencial; es ciego a su belleza secreta. El ojo humano no fue hecho para mirar hacia arriba de un modo que pueda potenciar la superioridad del otro, ni para mirar hacia abajo para reducir al otro a la inferioridad. Mirar a alguien a los ojos es un bello testimonio de verdad, coraje y expectativa. Cada uno ocupa un terreno común, pero diferente.

Para el ojo que ama, todo es real. El arte del amor nunca es sentimental o ingenuo. Este amor es el mayor criterio de verdad, celebración y realidad. La poetisa escocesa Kathleen Raine afirma que aquello que no ves a la luz del amor no lo ves en absoluto. El amor es la luz en la que vemos la luz, en la que vemos cada cosa en su verdadero origen, naturaleza y destino. Si pudiéramos contemplar el mundo de un modo amoroso, éste se alzaría ante nosotros como un lugar repleto de invitaciones, posibilidades y profundidad.

El ojo amoroso puede incluso transmutar el dolor, el daño y la violencia hacia la transfiguración y la renovación. Es luminoso porque es autónomo y libre. Todo lo contempla con ternura. No se queda atrapado en aspiraciones de poder, seducción, oposición o complicidades. Tal visión es siempre creativa y subversiva. Se eleva por encima de la patética aritmética de la culpa y el juicio, y asimila la experiencia en su origen, estructura y destino. El ojo que ama ve más allá de la imagen y crea los cambios más profundos. La visión tiene un papel primordial en tu presencia y creatividad. Reconocer la manera que tienes de ver las cosas puede llevarte al autoconocimiento y a entrever los maravillosos tesoros que la vida oculta.

El gusto y el habla

La lengua es el órgano tanto del gusto como del habla. El sentido del gusto es sutil y complejo; es una de las víctimas de nuestro mundo moderno. Las presiones y tensiones de nuestra vida nos dejan poco tiempo para saborear aquello que comemos. Una vieja amiga mía suele decir que la comida es amor. Quien come en su casa debe tomarse su tiempo, tener paciencia y poner atención en los alimentos.

Ya no existe el sentido del decoro a la hora de comer. También hemos perdido el sentido de ritual, presencia e intimidad que eran tan propios de las comidas. Ya no nos sentamos a ingerir nuestros alimentos a la antigua usanza. Una de las cualidades más célebres del pueblo celta era la hospitalidad. Al forastero siempre se le ofrecía una comida. Se observaba este acto de cortesía antes de emprender cualquier otro asunto. Cuando celebras una comida, percibes sabores de los que normalmente no eres consciente. Muchos alimentos modernos carecen de sabor. Incluso fuerzan su crecimiento abonándolos con fertilizantes artificiales y regándolos con productos químicos. Por consiguiente, no tienen el sabor de la naturaleza. Como resultado de ello, la mayoría de las personas tienen el sentido del gusto seriamente atrofiado. La metáfora de la comida rápida es un claro exponente de la falta de sensibilidad y gusto en la cultura moderna, lo que se refleja claramente en nuestro uso del lenguaje. La lengua, órgano del sentido del gusto, es también el del habla. Muchas de las palabras que empleamos pertenecen a la categoría espiritual de la comida rápida. Son términos demasiado vagos para reflejar una experiencia, demasiado débiles para dar una expresión real al misterio interior de las cosas. En nuestro mundo veloz y exteriorizado, el lenguaje ha adoptado una apariencia fantasmal, se ha quedado limitado a códigos y etiquetas. Las palabras que reflejan el alma llevan en sí la arcilla de la sustancia y la sombra de lo divino.

La sensación de silencio y oscuridad que hay detrás de las palabras de las culturas antiguas, particularmente en el folclore, ya no existe en el uso moderno del lenguaje. Este último está repleto de siglas. En la actualidad nos impacientan las palabras que traen consigo historias y asociaciones. La gente de campo, y en particular la de Irlanda occidental, tiene un gran sentido del lenguaje: una forma de expresión poética y despierta. La fuerza de la intuición y la chispa del reconocimiento se cuelan con rapidez en hábiles frases. El inglés oral de Irlanda resulta tan interesante a causa del pintoresco fantasma del gaélico, que le infunde color, matices y fuerza. El intento de destruir el gaélico fue uno de los actos de violencia más destructivos en la colonización de Irlanda por parte de Inglaterra, ya que es una lengua poética y poderosa que lleva consigo la memoria de Irlanda. Cuando se despoja a un pueblo de su lengua, su alma queda desconcertada.

La poesía es el lugar donde el lenguaje, en su silencio, se articula más bellamente. La poesía es el lenguaje del silencio.

Si observas una página en prosa, verás que está plagada de palabras. En una página de poesía, las estilizadas formas de las palabras descansan en el blanco vacío de la página. Ésta es un lugar de silencio donde se define el contorno de la palabra y se eleva la expresión de un modo íntimo. Es interesante observar el lenguaje que empleas y los vocablos que piensas utilizar para ver si descubres cierta calma o silencio. Si deseas renovar tu lenguaje y darle vigor, atrévete con la poesía. En ella, tu lenguaje encontrará una iluminación purificadora y renovación sensual.

Fragancia y aliento

El sentido del olfato o la fragancia es hábil e inmediato. Los especialistas dicen que, en relación con la memoria, el olfato es el más fiel de los sentidos. Todos conservamos en nuestro interior los olores de la infancia. Resulta increíble que el olor de una calle o de una habitación pueda evocar recuerdos de experiencias hace tiempo olvidadas. Por supuesto, los animales se valen mucho del sentido del olfato. Si paseamos a un perro, enseguida nos damos cuenta de que su percepción del paisaje es completamente distinta a la nuestra, ya que son los olores los que le hacen seguir determinados caminos y aventurarse a rastrear senderos invisibles por todas partes. Cada día respiramos veintitrés mil cuarenta veces. Poseemos cinco millones de células olfatorias, mientras que un perro pastor tiene doscientos veinte millones. El sentido del olfato es tan poderoso en el mundo animal porque ayuda a la supervivencia alertando sobre el peligro; es vital para el sentido de la vida.

Tradicionalmente se decía que el aliento era el camino por el cual el alma entraba en el cuerpo. La respiración siempre se hace a pares, con la excepción del primer y último suspiro. Una de las palabras más antiguas para referirse al espíritu es el término hebreo *Ruah*, que también significa aire o viento. Además, se utilizó como sinónimo de pasión y emoción. La palabra sugiere que Dios era como el aliento o el viento debido a la increíble pasión de la divinidad. En la tradición cristiana, el misterio de la Trinidad sugiere que el Espíritu Santo surge a causa de la separación del Padre y el Hijo; el término técnico es *spiratio*. Esta antigua concepción vincula la creatividad salvaje del espíritu con el aliento del alma en el ser humano. El aliento también es una metáfora apropiada porque la divinidad, al igual que el espíritu, es invisible. El mundo del pensamiento reside en el aire. Todos nuestros pensamientos tienen lugar en ese elemento. Nuestros mayores pensamientos provienen de la generosidad del aire. Ésta es la raíz de la idea de inspiración, ya que uno inspira o incorpora en su interior, con el aliento, los pensamientos contenidos en el elemento aire. La inspiración no se puede programar. Uno puede prepararse, estar dispuesto a recibir la inspiración, que es espontánea e imprevisible y contraria a las pautas de repetición y la expectativa. La inspiración siempre es una visita inesperada.

Para trabajar en el mundo del aprendizaje, de la investigación o del arte uno trata, una y otra vez, de agudizar sus sentidos a fin de estar preparado para poder recibir las grandes imágenes o los pensamientos cuando se presentan. El sentido del olfato incluye la sensualidad de la fragancia, pero la dinámica del aliento también incluye el mundo profundo de la oración y la meditación donde, mediante el ritmo de la respiración, se alcanza el nivel primordial del alma. A través del aliento meditado se puede experimentar un lugar interior del terreno divino. El aliento y el ritmo de la respiración pueden devolverte a tu antiguo lugar de pertenencia, a la casa que, según el Maestro Eckhart, jamás abandonaste, donde vives desde siempre, la casa espiritual a la que perteneces.

La verdadera escucha es veneración

A través del sentido del oído, escuchamos la creación. Uno de los grandes umbrales de la realidad es el que hay entre el sonido y el silencio. Todos los buenos sonidos tienen el silencio cerca, delante y detrás de ellos. El primer sonido que oye el ser humano es el del corazón de la madre en las oscuras aguas de la matriz. Ésta es la razón de nuestra remota afinidad con el tambor como instrumento musical. Su sonido nos calma porque evoca el tiempo en que latíamos al unísono con el corazón de nuestra madre. Era una época de total comunión. No existía separación; nuestra unidad con el otro era completa. P. J. Curtis, el gran estudioso irlandés del *rhythm and blues*, suele decir que, cuando buscamos el significado de las cosas, en realidad estamos buscando el acorde perdido. Cuando la humanidad por fin descubra este acorde perdido, se eliminará la discordia del mundo y la sinfonía del universo entrará en armonía consigo misma.

El don de la escucha es algo hermoso. Se dice que la sordera es peor que la ceguera porque uno se queda aislado en un mundo interior de terrible silencio. Aunque uno vea las personas y el mundo que lo rodea, permanecer fuera del alcance del sonido y de la voz humana es estar muy solo. Existe una diferencia muy relevante entre oír y escuchar. A veces oímos las cosas pero no las escuchamos. Cuando escuchamos realmente, percibimos lo que no se dice o no se puede decir. En ciertas ocasiones, los umbrales más importantes del misterio son lugares de silencio. Para llevar una vida verdaderamente espiritual debemos respetar la fuerza y la presencia del silencio. Martin Heidegger dice que escuchar es venerar. Cuando escuchamos con el alma, entramos en el ritmo y la armonía de la música del universo. La amistad y el amor te enseñan a sintonizar con el silencio, a llegar a los umbrales del misterio donde tu vida entra en la vida de la persona que amas y viceversa.

Los poetas son individuos que buscan permanentemente el umbral donde se encuentran el silencio y el lenguaje. Una de sus tareas cruciales es hallar su propia voz. Cuando empiezas a escribir, crees que compones bellos versos; después, lees a otros poetas y descubres que ya han escrito poemas similares. Te das cuenta de que los imitabas inconscientemente. Se necesita bastante tiempo para tamizar las voces superficiales de tu propio don y poder entrar en la profunda firma y tonalidad de tu alteridad. Cuando hablas desde esa voz interior profunda, lo haces desde el tabernáculo particular de tu presencia. Hay una voz interior en ti que nadie, ni tú mismo, ha escuchado. Si te das la oportunidad del silencio, empezarás a desarrollar tu oído para escuchar, en lo profundo de tu interior, la música de tu propio espíritu.

La música es, al fin y al cabo, el sonido más perfecto para encontrar el silencio. Cuando realmente escuchas la música, adviertes la bella forma con la que corona y da forma al silencio, cómo la música revela el misterio oculto del silencio. El eco de la dulce membrana donde el sonido se encuentra con el silencio se hace sutilmente audible. Mucho antes de que los humanos surgieran en la Tierra, había aquí una música antigua. Pero la música es uno de los dones más hermosos que los humanos aportaron al planeta. En la gran música, el antiguo anhelo de la Tierra encuentra su voz. El gran director Sergiu Celibidache dijo: «Nosotros no creamos la música, sino solamente las condiciones para que ésta pueda surgir». La música atiende al silencio y la soledad de la naturaleza; es una de las experiencias sensoriales más poderosas, inmediatas e íntimas. La música es, tal vez, la forma de arte que más nos acerca a lo eterno, porque cambia inmediata e irreversiblemente nuestra experiencia del tiempo. Cuando escuchamos música hermosa, entramos en la dimensión eterna del tiempo. El tiempo lineal transitorio se desvanece e ingresamos en el círculo de comunión con lo eterno. El escritor irlandés Sean O'Faolain dijo: «En presencia de la gran música no tenemos más alternativa que vivir noblemente».

EL LENGUAJE DEL TACTO

Nuestro sentido del tacto nos conecta con el mundo de un modo íntimo. Como madre de la distancia, el ojo nos muestra que estamos fuera de las cosas. Hay una magnífica escultura de Rodin llamada *El beso*. Dos cuerpos se buscan, tensándose para besarse. Toda distancia se desvanece bajo la magia de este beso; dos seres distanciados por fin se alcanzan.

El tacto y su mundo nos llevan del anonimato de la distancia a la intimidad de la comunión. Los humanos usan las manos para tocar; éstas exploran, encuentran y palpan el mundo exterior; son hermosas. Kant dice que la mano es la expresión visible de la mente o el alma. Con tus manos te alargas para tocar el mundo. En el tacto, la mano busca la mano, el rostro o el cuerpo del otro. El tacto lleva a la presencia. El acto de tocar nos acerca al mundo del otro. Es el sentido opuesto de la visión. El ojo traduce sus objetos en términos intelectuales, se hace con ellos de acuerdo con su propia lógica. Pero el tacto confirma la alteridad del cuerpo que palpa. No se apropia de los objetos, sólo los trae más cerca. Decimos que algo nos «toca» profundamente cuando nos conmueve. A través del sentido del tacto experimentamos el dolor. El contacto con el dolor no tiene nada de vacilante ni borroso. Alcanza el centro de nuestra identidad, despertando nuestra fragilidad y desesperación.

Se sabe que los niños necesitan ser tocados. El tacto transmite sentido de pertenencia, ternura y calor, que fomentan en el niño la confianza en sí mismo, la autoestima y el equilibrio. Su gran poder se debe a que vivimos dentro del maravilloso mundo de la piel. Ésta vive, respira, se halla siempre activa y presente. Los seres humanos somos capaces de tanta ternura y fragilidad porque no vivimos dentro de cascarones, sino dentro de la piel, siempre sensible a la fuerza, el tacto y la presencia del mundo.

El tacto es uno de los sentidos más inmediatos y directos; también es sutil y particular. Posee un lenguaje propio y una memoria muy refinada. Un pianista visitó a una amiga y le preguntó si quería que tocara algo para ella. Le dijo: «En este momento, tengo en mis manos una hermosa pieza de Schubert».

El mundo del tacto incluye íntegramente el de la sexualidad; éste es probablemente el aspecto más tierno de la presencia humana. En el contacto sexual, se admite al otro en el mundo de uno. El mundo de la sexualidad es el mundo sagrado de la presencia. El de Eros es el de las víctimas de la codicia y el mercantilismo contemporáneos. George Steiner ha escrito sobre ello. Nos muestra cómo las palabras de la intimidad, las palabras nocturnas de Eros y el afecto, las palabras secretas del amor, han quedado vacías bajo el neón de la codicia y el consumismo. Necesitamos desesperadamente recuperar las palabras tiernas y sagradas del tacto para consumar plenamente nuestra naturaleza humana. Cuando contemples el mundo interior del alma, pregúntate hasta qué punto has desarrollado el sentido del tacto. ¿Cómo tocas las cosas? ¿Eres consciente del poder del tacto como fuerza sensual y curativa? La recuperación del tacto puede proporcionar una nueva profundidad a tu vida; puede curarte, fortalecerte y acercarte a ti mismo.

El tacto es un sentido muy inmediato. Puede sacarte del mundo falso y hambriento del exilio y la imagen. Cuando lo redescubres regresas a la casa de tu propio espíritu, donde puedes sentir nuevamente calor, ternura y comunión. En los momentos de mayor intensidad humana, las palabras se convierten en silencio. Es entonces cuando habla el lenguaje del tacto. Cuando estás perdido en el tenebroso valle del dolor, las palabras se hacen frágiles y mudas. En esos momentos, un cálido abrazo es el único refugio y consuelo. Y, por el contrario, cuando te sientes feliz, el tacto se convierte en el lenguaje del éxtasis.

El tacto te ofrece las indicaciones más claras para llegar al misterio del encuentro, el despertar y la comunión. Es el secreto contenido afectivo de toda conexión y asociación. La energía, el calor y la invitación del tacto provienen, en última instancia, de lo divino. El Espíritu Santo es el lado salvaje y apasionado de Dios, el espíritu táctil cuyo toque te rodea, acercándote a ti mismo y a los demás. El Espíritu Santo vuelve atractivas estas distancias, las adorna con aromas de afinidad y comunión. Las distancias bendecidas por la gracia vuelven amigos a los extraños. Tu amado y tus amigos en algún momento fueron desconocidos para ti. De alguna manera, en un determinado momento, vinieron de la distancia hacia tu vida. Su llegada pareció accidental y fortuita. Ahora no puedes imaginar tu vida sin ellos. Del mismo modo, tu identidad y tu visión se componen de una cierta constelación de ideas y sentimientos que han surgido de lo más profundo de tu distancia interior. Perderlas supondría perder tu propio yo. Vives y caminas sobre terreno divino. Dijo san Agustín acerca de Dios: «Eres más íntimo para mí que mi propia intimidad». La inmediatez sutil de Dios, el Espíritu Santo, toca tu alma y teje con ternura tus caminos y tus días.

Sensualidad celta

El mundo de la espiritualidad celta está en plena comunión con el ritmo y la sabiduría de los sentidos. Si lees poesía celta, observarás que todos los sentidos están alerta: oyes el sonido de los vientos, pruebas el sabor de la fruta y sobre todo se despierta en ti un maravilloso sentido de cómo la naturaleza contacta con la presencia humana. La espiritualidad celta también posee una gran conciencia del sentido de la vista, sobre todo en relación con el mundo de los espíritus. El ojo celta tiene una gran percepción del mundo de transición entre lo invisible y lo visible. Los expertos lo llaman «mundo imaginal», habitado por los ángeles. El ojo celta ama ese mundo. En la espiritualidad celta encontramos un nuevo puente entre lo visible y lo invisible, que se expresa bellamente a través de poesías y bendiciones. Estos dos mundos ya no están separados. Ambos fluyen entre sí de un modo lírico, natural y lleno de belleza.

Una bendición para los sentidos

Que tu cuerpo sea bendecido.
Que comprendas que tu cuerpo es el fiel
y hermoso amigo de tu alma.
Que tengas paz y gozo, y reconozcas que
tus sentidos son umbrales sagrados.

Que comprendas que la santidad es atenta,
que mira, siente, oye y toca.
Que tus sentidos te recojan y te lleven a tu casa.
Que tus sentidos siempre te permitan celebrar
el universo y el misterio y las posibilidades de tu presencia aquí.
Que el Eros de la Tierra te bendiga.

3

TU SOLEDAD ES LUMINOSA

EL MUNDO DEL ALMA ES SECRETO

Nací en un valle de piedra caliza. Vivir en un valle es disfrutar de un cielo privado. A tu alrededor, la vida está enmarcada por el horizonte. Éste protege la vida, pero a la vez abre la visión a nuevas fronteras y posibilidades. El misterio del paisaje se intensifica con la presencia del océano. Durante millones de años, el coro del océano y el silencio de la piedra han mantenido una antigua conversación.

En este paisaje no hay dos piedras idénticas. Cada una tiene un rostro propio. Con frecuencia, el ángulo de la luz brilla lo suficiente para hacer resaltar la presencia tímida de cada una de ellas. Aquí uno siente que un dios desenfrenado y surrealista creó el paisaje. Las piedras, siempre pacientes y mudas, alaban el silencio del tiempo. El paisaje irlandés está lleno de memorias; contiene ruinas y rastros de civilizaciones antiguas. Tiene una curvatura, un color y una forma desconcertantes para el ojo que busca la simetría o la sencillez lineal. El poeta W. B. Yeats se refirió a este paisaje en estos términos: «... ese color austero y esa línea delicada son nuestra disciplina secreta». El paisaje cambia cada pocos kilómetros y ofrece constantemente nuevas vistas que sorprenden al ojo e invitan a la imaginación. Posee una complejidad salvaje pero serena. En cierto sentido, refleja la naturaleza de la conciencia celta.

La mente celta nunca se sintió atraída por la línea sencilla; evitó formas de mirar y de ser que buscaran la satisfacción en la certeza. La mente celta profesaba un gran respeto hacia el misterio del círculo y la espiral. El primero es uno de los símbolos más antiguos y poderosos. El mundo es un círculo, al igual que el Sol y la Luna. Incluso el tiempo tiene una naturaleza circular; el día y el año se expresan con círculos. En lo más íntimo, esto también ocurre con la vida de cada individuo. El círculo jamás se entrega totalmente al ojo o la mente, pero ofrece una confiada hospitalidad a lo complejo y misterioso; abarca tanto la profundidad como la altura. Jamás reduce el misterio a una sola dirección o preferencia. La paciencia con esta reserva es una de las intuiciones más profundas de la mente celta. El mundo del alma es secreto. Lo secreto y lo sagrado son hermanos. Cuando no se respeta lo secreto, lo sagrado se desvanece. Por consiguiente, la reflexión no debe encender una luz demasiado fuerte o agresiva sobre el mundo del alma. La luz de la conciencia celta es una luz de penumbra.

El peligro de la visión de neón

Nuestra época se caracteriza por un hambre espiritual sin precedentes. Cada vez hay más personas que despiertan al mundo interior. El hambre y la sed de lo eterno cobran vida en su alma; ésta es una nueva forma de conciencia. Pero uno de los aspectos más dañinos de esta hambre espiritual es su forma de ver todo bajo una luz severa e insistente. La luz de la conciencia moderna no es dulce ni reverente; carece de gracia ante la presencia del misterio; quiere desentrañar y controlar lo desconocido. La conciencia moderna es similar a la dura y brillante luz blanca de los quirófanos. Esta luz de neón es demasiado directa y brillante para entablar amistad con el mundo umbrío del alma. No es hospitalaria con aquello que es reservado y oculto. La mente celta mostraba un gran respeto por el misterio y la profundidad del alma individual.

Los celtas señalaban que cada alma tiene su propia forma; el ropaje espiritual de una persona jamás le sienta bien al alma de otra. Es interesante observar que la palabra «revelación» deriva de *re-velare*, cuyo significado literal es volver a velar. Entrevemos el mundo del alma a través de una abertura en un velo que vuelve a cerrarse. No existe ningún acceso directo, permanente o público a lo divino.

Cada destino tiene una curvatura única que debe encontrar su propia orientación espiritual y lugar de arraigo. La individualidad es la única puerta de entrada a nuestro potencial y bendición espiritual.

Cuando la búsqueda espiritual se hace demasiado intensa y ávida, el alma permanece oculta. Ésta no puede ser percibida íntegramente; se encuentra más a gusto en una luz que admite las sombras. Cuando todavía no existía la electricidad, por la noche, se encendían velas: la iluminación ideal para acoger la oscuridad. Esta luz ilumina suavemente las cavernas e invita a la imaginación. La vela permite que la oscuridad mantenga sus secretos; en su llama hay sombras y color. La percepción a la luz de la vela es la forma de iluminación más apropiada y respetuosa para acercarse al mundo interior. No impone al misterio nuestra torturada transparencia. Una mirada fugaz es suficiente. La percepción a la luz de la vela muestra una sutileza y un respeto apropiados al misterio y la autonomía del alma. Esta percepción se siente cómoda en el umbral. No necesita ni desea invadir el *temenos* donde reside lo divino.

En la actualidad, para abordar el alma, se emplea el lenguaje de la psicología. Ésta es una ciencia maravillosa. En muchos sentidos, ha sido el explorador que se ha aventurado en la heroica misión de descubrir el mundo interior inexplorado. En nuestra cultura de inmediatez sensorial, la psicología ha abandonado en gran medida la fecundidad y la reverencia del mito, y sufre la tensión de la conciencia de neón, la cual está incapacitada para recuperar o abrir el mundo del alma en toda su inmensidad y profundidad. El misticismo celta afirma que, en lugar de descubrir el alma u ofrecerle nuestros pobres cuidados, debemos permitir que sea ella quien nos descubra y nos cuide. Su actitud hacia los sentidos está llena de ternura y carece de agresividad espiritual. Los relatos, las poesías y las plegarias celtas se expresan en un lenguaje que antecede al discurso de un modo evidente, un lenguaje de observación lírica y reverente. En ocasiones recuerda la pureza del haiku japonés. Va más allá de la nudosidad narcisista del lenguaje de la autorreflexión para crear una formación lúcida de palabras a través de la cual la naturaleza y la divinidad resplandecen en su profundidad sobrenatural. La espiritualidad celta reconoce la sabiduría y la luz lenta que cuidan y dan profundidad a la vida. Cuando el alma despierta, el destino urge de creatividad.

A pesar de que el destino se revela lenta y parcialmente, podemos intuir su intención en el rostro humano. Siempre me ha fascinado la presencia humana en los paisajes. Si caminas solo por las montañas y te encuentras con otra persona, te haces extremadamente consciente del rostro humano, como si se tratara de un icono proyectado contra la soledad de la naturaleza. El rostro es un umbral donde un mundo contempla el exterior y otro mira hacia su interior. Los dos mundos se reúnen en el rostro. Detrás de cada uno hay un mundo oculto que nadie puede ver. La belleza de lo espiritual reside en la profundidad de la amistad interna, la cual puede cambiar completamente todo lo que se toca, ve y palpa. De alguna manera, el rostro es el lugar donde el alma se vuelve indirectamente visible. Pero el alma sigue siendo esquiva porque el rostro no puede expresar directamente todo lo que se intuye y siente. No obstante, con la edad y la memoria, la cara llega a reflejar gradualmente el viaje del alma. Cuanto más anciano es el rostro, mayor es la riqueza del reflejo.

Nacer es ser elegido

Nacer es ser elegido. Nadie está aquí de manera fortuita. Cada uno de nosotros ha sido enviado para cumplir un destino particular. En ocasiones, descubrimos el significado profundo de un suceso cuando lo interpretamos desde un punto de vista espiritual. Consideremos el momento de la concepción, un momento de posibilidades infinitas. Sin embargo, en la mayoría de los casos, se concibe un solo niño. Este hecho sugiere la intervención de cierta selectividad, y ésta sugiere, a su vez, la presencia de una providencia protectora que te soñó, te creó y siempre se ocupa de ti. No te consultaron acerca de los grandes problemas que forjan tu destino: cuándo habrías de nacer, dónde y a través de quiénes. Imagina qué diferente sería tu vida si hubieras nacido en la casa vecina. No te ofrecieron un destino para que lo eligieses. En otras palabras, se dispuso un destino especial para ti. Sin embargo, también te dieron libertad y creatividad para ir más allá de lo que recibiste, crear nuevas relaciones y forjar una identidad constantemente renovada, que incluye la vieja pero no se limita a ella. Éste es el ritmo secreto del crecimiento, que trabaja silenciosamente detrás de la fachada exterior de tu vida. El destino crea la estructura exterior de la experiencia y la vida; la libertad encuentra y llena su forma interior.

Millones de años antes de tu llegada, el sueño de tu individualidad fue cuidadosamente preparado. Se te envió a una forma de destino que te permitiría expresar el don singular que traes al mundo. Cada ser humano tiene un destino singular. Cada uno ha de hacer algo que nadie más puede. Si otro pudiera cumplir tu destino por ti, él ocuparía tu lugar y tú no estarías aquí. En lo más profundo de tu vida, descubres la necesidad invisible que te trajo aquí. Cuando empiezas a comprenderlo, tu don y tu capacidad para hacer uso de él cobran vida. Tu corazón late más deprisa y la urgencia de vivir reaviva la llama de tu creatividad. Cuando despiertas este sentido del destino, entras en armonía con el ritmo de tu vida. Pierdes esa armonía cada vez que reniegas de tu potencial y talento, cada vez que te refugias en la mediocridad para desoír la llamada. Cuando eso sucede, tu vida se vuelve aburrida, monótona o mecánica. El ritmo es la llave secreta del equilibrio y el arraigo. No cae en el falso contento ni en la pasividad. Es el ritmo de un equilibrio dinámico, de una buena disposición del espíritu, de una ecuanimidad que no está centrada en sí misma. Este sentido del ritmo es antiguo. Toda vida surgió del océano; cada uno de nosotros proviene de las aguas del útero; el flujo y el reflujo de las mareas vive en el flujo y el reflujo de la respiración.

Cuando estás en armonía con el ritmo de tu naturaleza, nada destructivo puede tocarte. La providencia está contigo; te protege y te lleva a tus nuevos horizontes. Ser espiritual es estar en armonía con tu ritmo.

El mundo subterráneo celta como resonancia

A menudo pienso que el mundo interior es como un paisaje. Aquí, en nuestro mundo de piedra caliza, las sorpresas son interminables. Es maravilloso estar en la cumbre de una montaña y descubrir un manantial que brota bajo las grandes piedras. Un manantial así encierra una extensa biografía de oscuridad y silencio. Proviene del corazón de la montaña, allí donde nunca penetró el ojo humano. La sorpresa del manantial sugiere los arcaicos recursos de la conciencia despertando en nuestro interior. Con repentina frescura, nacen nuevos manantiales.

El silencio del paisaje oculta una vasta presencia. El concepto de lugar no sólo implica ubicación. Un lugar es una individualidad profunda. La textura de su superficie de hierba y piedra es bendecida por la lluvia, el viento y la luz. Con total atención, los paisajes celebran la liturgia de las estaciones, entregándose sin reservas a la pasión de la diosa. La forma del paisaje es una conciencia remota y silente. La montaña tiene una actitud contemplativa. Los ríos y los arroyos ofrecen su voz; son las lágrimas de alegría y desesperación de la Tierra. Ésta se encuentra llena de alma. Plotino, en las *Enéadas*, habla del amor del alma por el universo: «Este ser viviente que todo lo abarca, que engloba en él todo lo que está vivo, y que tiene un alma que se extiende a todos sus miembros». Las civilizaciones han domado los lugares. El suelo es allanado para poder construir casas y ciudades. Los caminos, las calles y los edificios son nivelados para que podamos caminar entre ellos. En su estado salvaje, la curvatura del paisaje invita a la presencia y a la lealtad de la calma. La distracción del viajante y la provisionalidad impiden que se perciba su alteridad. Los seres humanos sólo perciben lo que es pasajero. Bajo la superficie del paisaje, la Tierra vive en la noche eterna, la oscura y remota cuna de todo origen. No es extraño que, en el mundo celta, los manantiales fueran sagrados. Éstos eran considerados los umbrales entre el mundo subterráneo, oscuro y desconocido, y el mundo exterior de la luz y la forma.

En una época remota, la tierra de Irlanda fue concebida como el cuerpo de una diosa. Los manantiales eran venerados como lugares de los que manaba la divinidad. Manannán Mac Lir dijo: «Quien no beba de la fuente no tendrá sabiduría». Incluso ahora, todavía hay gente que visita los manantiales sagrados. Caminan alrededor de ellos en el sentido de las agujas del reloj y, con frecuencia, dejan ofrendas. Cada manantial ofrece un tipo de sanación diferente.

Cuando, en la mente, brota un manantial, surgen nuevas posibilidades; uno encuentra en sí mismo una profundidad y una vitalidad desconocidas. El irlandés James

Stephens habla de este arte del despertar cuando dice: «El único obstáculo es nuestra disposición». Con frecuencia permanecemos en el exilio, marginados del mundo fecundo del alma simplemente porque no estamos dispuestos. Debemos preparar el corazón y la mente. Son muchas las bendiciones y la belleza que nos están destinadas, pero no pueden entrar en nuestra vida si no estamos preparados para recibirlas. El picaporte está en el lado interior de la puerta; sólo uno mismo puede abrirla. En ocasiones, nuestra falta de preparación tiene su origen en la ceguera, el miedo o la escasa autoestima. Cuando estemos preparados, seremos bendecidos. En ese momento, la puerta del corazón será la puerta del cielo. Shakespeare habló de ello en *El rey Lear*: «Los hombres han de sobrellevar su partida como sucedió con su llegada; lo único que importa es la madurez».

Transfigurar el ego: liberar el alma

A veces sucede que nuestros proyectos espirituales nos alejan de nuestra comunión interior. Nos volvemos adictos a los métodos y programas de psicología y religión. Estamos tan desesperados por aprender a ser que nuestra vida pasa y descuidamos la práctica de ser. Una de las facetas más maravillosas del intelecto celta es su sentido de la espontaneidad, la cual es un gran don espiritual. Ser espontáneo es huir de la jaula del ego al confiar en aquello que va más allá del ser. El ego es uno de los mayores enemigos de la comunión espiritual. No refleja la verdadera forma de la individualidad, sino que es un falso yo, nacido del miedo y una actitud defensiva, una coraza protectora que erigimos en torno a nuestros afectos. Surge de la timidez, de la incapacidad para confiar en el otro y respetar la propia alteridad. Uno de los mayores conflictos en la vida es el que se libra entre el ego y el alma. El ego es competitivo y está en tensión porque se siente amenazado; el alma se siente atraída por la sorpresa, la espontaneidad, lo que es nuevo y fresco; tiene sentido del humor; evita lo pesado, gastado o repetitivo. La imagen del manantial que brota del duro suelo revela la frescura que puede brotar súbitamente del corazón que se abre para vivir nuevas experiencias.

Freud y Jung abordaron la vasta complejidad del alma. La persona no es un ser simple o unidimensional. Dentro del alma, hay un complicado laberinto. Lo que pensamos y deseamos, a menudo, entra en conflicto con lo que hacemos. Bajo la superficie de nuestra conciencia, un ignoto e inmenso sistema de raíces determina nuestras acciones. La mítica historia de la Tierra y los dioses susurra en nuestro interior. Poco a poco, nos vamos dando cuenta de los patrones de ceguera y obsesión que nos dirigen sin que seamos conscientes de ellos. Nos descubrimos regresando a los mismos lugares vacíos, que reducen y empobrecen nuestra esencia. Toda actividad psíquica es, en un principio, inconsciente: ésta es la esfera de los deseos ocultos.

El inconsciente es una presencia poderosa y continua. Toda vida tiene que lidiar con esta noche interna, que proyecta su desafiante y fecunda sombra sobre todo lo que hacemos, pensamos y sentimos. Somos vasijas de barro que guardan un tesoro. Sin embargo, algunos aspectos de este tesoro son más oscuros y peligrosos de lo que nos imaginamos. Cuando el inconsciente se ilumina, sus fuerzas tenebrosas ya no pueden mantenernos prisioneros. Este trabajo de liberación es lento e impredecible. Sin embargo, es precisamente en este umbral donde el individuo se hace custodio y responsable de su propia transfiguración. Fuera de nosotros, la sociedad se desenvuelve de un modo exteriorizado; su ojo colectivo desconoce la interioridad porque sólo puede ver a través de las lentes de la imagen, la impresión y la funcionalidad.

No existen programas espirituales

En nuestra época hay una gran obsesión por los programas espirituales que se suelen desarrollar de forma muy lineal. En ellos, la vida espiritual se concibe como un viaje con una serie de etapas. Cada una tiene su propia metodología, negatividad y alternativas. Semejante programa tiende a convertirse en un fin en sí mismo. Coloca sobre nosotros el peso de nuestra propia presencia natural. Un programa así puede dividirnos y alejarnos de lo más íntimo de nuestro ser. Se renuncia al pasado por irredento, el presente se utiliza como punto de apoyo para un futuro que presagia santidad, integración o perfección. El tiempo, al ser reducido a un progreso lineal, es despojado de presencia. El Maestro Eckhart revisa radicalmente la noción de programa espiritual. Afirma que el viaje espiritual no existe. Esta idea puede resultar escandalosa, pero, en el fondo, es vivificante. Si el viaje espiritual existiera, tendría unos milímetros de longitud y miles de kilómetros de profundidad. Representaría un viraje en el ritmo de tu naturaleza profunda y tu presencia. Esta sabiduría nos consuela. No tienes que alejarte de tu yo para mantener una conversación auténtica con tu alma y los misterios del mundo espiritual. Lo eterno encuentra su hogar dentro de ti.

Lo eterno no está en otra parte; no es algo remoto. No hay nada tan cercano como lo eterno. Este concepto se expresa en la hermosa frase celta: «La tierra de la juventud eterna está detrás de la casa, una hermosa tierra que fluye dentro de sí misma». El mundo eterno y el mortal no son paralelos, más bien están unidos. Así lo manifiesta la expresión gaélica *fighte fuaighte,* «tejidos entretejidos».

Tras la fachada de nuestra vida cotidiana, el destino eterno da forma a nuestros días y caminos. El despertar del espíritu humano es un regreso al hogar. Irónicamente, nuestro sentido de lo que nos resulta familiar a menudo milita contra ese regreso. Hegel dijo: «Generalmente, desconocemos aquello que nos resulta familiar precisamente porque nos es familiar». Ésta es una frase muy poderosa. Tras la fachada de lo familiar nos esperan cosas extrañas. Esto sucede en nuestros hogares, donde habitamos, e incluso con las personas que viven con nosotros. El mecanismo de la familiaridad provoca una gran insensibilidad en las amistades y relaciones. Reducimos la imprevisibilidad, el misterio de la persona y el paisaje a la imagen exterior conocida. Sin embargo, la familiaridad sólo es una fachada que nos permite someter, controlar y olvidar el misterio. Hacemos las paces con la imagen superficial mientras nos alejamos de la alteridad y la fecunda turbulencia de lo desconocido que ésta oculta. La familiaridad es una de las formas más sutiles y dominantes de alienación humana.

En un libro de conversaciones con Pedro Mendoza, Gabriel García Márquez habló sobre su relación de treinta años de duración con su esposa, Mercedes, y dijo: «La conozco tan bien que no tengo la menor idea de quién es en realidad». Para Márquez, la familiaridad supone una invitación a la aventura y el misterio. Por el contrario, las personas más próximas a nosotros a veces se vuelven tan familiares que se pierden en la lejanía y ya no nos aportan estímulos ni sorpresas. La familiaridad puede ser una muerte lenta, un acuerdo que hace que la rutina se prolongue sin ofrecer nuevos desafíos ni aliento.

Esto ocurre también con nuestra experiencia de los lugares. Recuerdo mi primera noche en Tübingen, Alemania. Iba a pasar allí cuatro años, estudiando a Hegel, pero aquella primera noche la ciudad me pareció totalmente extraña y desconocida. Recuerdo haber pensado: «Mírala muy bien esta noche porque nunca volverás a verla así». Y así fue. Una semana después, ya conocía el camino a las aulas, la cafetería y la biblioteca. Una vez conocidas las rutas de aquel territorio extraño, éste se volvió familiar y dejé de verlo como era.

Muchas personas encuentran dificultades a la hora de despertar al mundo interior, sobre todo cuando sus vidas se han vuelto excesivamente rutinarias. Les resulta difícil hallar algo nuevo, interesante o atrevido en sus vidas adormecidas. Sin embargo, ya tenemos todo lo que necesitamos para el viaje. Hay mucho de insólito en la luz umbría del mundo espiritual. Deberíamos familiarizarnos más con nuestra discreta luz. El primer paso para despertar a tu vida interior, a la profundidad y a la promesa de tu soledad, sería que te consideraras, durante unos momentos, un extraño en lo más profundo de tu ser. Verte a ti mismo como un extraño, como alguien que acaba de llegar a tu vida, es una práctica liberadora. Esta meditación te ayuda a romper con el dominio de la complacencia y la rutina. Gradualmente, empiezas a intuir el misterio y la magia de tu ser. Te das cuenta de que no eres el dueño impotente de una vida insensible, sino un huésped temporal provisto de bendiciones y alternativas que no pudiste inventar ni ganar.

El cuerpo es tu única casa

Resulta misterioso que el cuerpo humano sea arcilla. El individuo es el punto de encuentro de los cuatro elementos. La persona es una forma de arcilla que vive en el medio aéreo. Pero el fuego de la sangre, el pensamiento y el alma se mueven por el organismo. Toda la vida y energía de éste discurren por el círculo sutil del elemento agua. Hemos surgido de las profundidades de la Tierra. Considera los millones de continentes de arcilla que jamás tendrán la oportunidad de abandonar este submundo. Esta arcilla jamás encontrará la manera de ascender y expresarse en el mundo de la luz, sino que vivirá eternamente en la desconocida tierra de las sombras. Por este motivo, la idea celta de que el mundo subterráneo no es oscuro, sino un mundo de espíritus, es muy bella. En Irlanda se cree que los Tuatha Dé Dannan, la tribu celta desterrada de la superficie del país, viven en el mundo subterráneo y desde allí gobiernan la fertilidad de la tierra. Por consiguiente, cuando un rey era coronado, se desposaba simbólicamente con la diosa. Su reinado mediaba entre el paisaje visible de la hierba, las cosechas y los árboles, y el mundo subterráneo y oculto. Este equilibrio era vital, puesto que el pueblo celta era fundamentalmente rural. Esta perspectiva mitológica y espiritual afectaba inconscientemente a la visión del paisaje irlandés. El paisaje no se reduce a materia o naturaleza, sino que más bien es luminosidad, algo numinoso. Cada prado tiene un nombre, y en cada lugar ha ocurrido algo diferente. El paisaje guarda un secreto y una memoria silente; una narrativa de presencia donde nada se ha perdido u olvidado. En la obra *The Gigli Concert*, de Tom Murphy, un hombre sin nombre pierde el sentido del paisaje y la capacidad de conectar consigo mismo.

El misterio del paisaje irlandés se ve reflejado en las historias y leyendas de distintos lugares. Los cuentos de fantasmas y espíritus son innumerables. Un gato mágico, por ejemplo, cuida un antiguo tesoro de oro en un prado inmenso. Existe una impresionante red de cuentos relacionados con la independencia y la estructura del mundo espiritual. El cuerpo humano ha surgido de este submundo. Por consiguiente, en tu cuerpo, la arcilla adquiere una forma que nunca tuvo. Así como es un gran privilegio que tu arcilla haya salido a la luz, también es una gran responsabilidad.

En tu cuerpo de arcilla salen a la luz y se expresan aspectos hasta ahora desconocidos, presencias que nunca antes tuvieron forma o luz en otro individuo. Parafraseando a Heidegger, que dijo que «el hombre es pastor del ser», podemos decir que el hombre es pastor de arcilla. Representas un mundo desconocido que te suplica que le des voz. A veces la felicidad que sientes no tiene que ver con tu biografía individual, sino con la arcilla de la que fuiste hecho. En otras ocasiones, la tristeza cae sobre ti como una oscura niebla sobre el paisaje. Este pesar puede ser tan sombrío que es posible que llegue a paralizarte. Interferir con este movimiento de emociones es un error. Resulta más apropiado reconocer que esta emoción tiene que ver con tu arcilla y no con tu mente. Lo más sabio es dejar que pase la tormenta, que va en camino hacia otra parte. Olvidamos fácilmente que la arcilla posee una memoria anterior a nuestra mente, una vida propia anterior a su forma actual. Por muy modernos que podamos parecer, en realidad somos muy antiguos; hermanos y hermanas de la misma arcilla. En cada uno de nosotros, una parte distinta del misterio se hace luminosa. Para llegar a ser y devenir quien realmente eres, necesitas el antiguo resplandor de los otros.

En nuestra esencia, pertenecemos a la naturaleza. El cuerpo conoce este arraigo y lo desea. No nos destierra espiritual ni emocionalmente. El cuerpo humano se siente cómodo en la Tierra. Tal vez una astilla clavada en la mente sea la dolorosa raíz de tanto exilio. Esta tensión entre la arcilla y la mente es la fuente de toda creatividad. Es la tensión interna entre lo antiguo y lo nuevo, lo conocido y lo desconocido. Sólo la imaginación comprende este ritmo, sólo ella puede navegar ese ínterin sublime donde se tocan las distintas fuerzas internas. La imaginación está comprometida con la justicia de la integridad. En un conflicto interior, no se pondrá de parte de un bando ni reprimirá ni desterrará al otro, sino que se esforzará por iniciar una profunda conversación entre ambos para que pueda nacer algo original. La imaginación ama los símbolos porque reconoce que la divinidad interna sólo puede expresarse de forma simbólica. El símbolo nunca se muestra totalmente. Invita al pensamiento precisamente porque reside en el umbral de la oscuridad. A través de la imaginación, el alma crea y construye su experiencia profunda. La imaginación es el espejo más reverente del mundo interior.

La individualidad no tiene necesidad de ser solitaria o de estar aislada. Como bellamente expresó Cicerón, *Numquam minus solus quam cum solus*. Uno puede armonizar con la propia individualidad si la ve como una expresión profunda o sacramento de la arcilla antigua. Cuando el amor y la amistad despiertan verdaderamente, se revela esta sensación de arcilla interior. Si conocieras bien el cuerpo de la persona amada, sabrías dónde estuvo su arcilla antes de darle forma. Podrías intuir la mezcla de las diferentes tonalidades de su arcilla: tal vez una parte venga de la orilla de un lago en calma, otra de lugares solitarios de la naturaleza, otras de zonas reservadas y desconocidas. Nunca sabemos cuántos lugares de la naturaleza se encuentran en el cuerpo humano. No todo el paisaje es exterior, sino que una parte se ha introducido en el alma. La presencia humana está llena de paisaje.

Esta profunda y numinosa presencia del paisaje puede observarse en el poema de Amairgen, poeta y druida de los milesianos, que narra su desembarco para tomar posesión de las tierras en nombre de su gente:

Soy el viento que sopla sobre el mar,
soy la ola del océano,
soy el murmullo del oleaje,
soy el buey de las siete batallas,
soy el buitre sobre las rocas,
soy un rayo del sol,
soy la más bella planta,
soy un jabalí envalentonado,
soy un salmón en el agua,
soy un lago en la llanura,
soy un mundo de conocimiento,
soy la punta de la lanza en la batalla,
soy el dios que ha creado el fuego en la cabeza.

Se cree que éste es el primer poema que se ha escrito en Irlanda. Todos sus elementos contienen asociaciones con la primera literatura irlandesa. No hay dualidad en él; todo es uno. Este poema se anticipa a la solitaria y desesperanzadora afirmación de Descartes, *cogito ergo sum*, y la desmantela. Para Amairgen, yo soy porque todo lo demás es. Yo soy todo, y todo está en mí. Este grandioso himno a la presencia subraya la profundidad ontológica y la unidad de la experiencia del *anam cara*.

El mundo celta había desarrollado un sentido profundo de la complejidad del individuo. Con frecuencia, en los lugares donde coinciden distintas partes de la memoria de nuestra arcilla, surgen conflictos. En ellos puede reinar una energía bruta e irrefrenable. El reconocimiento de nuestra naturaleza de arcilla puede traernos una armonía remota, llevarnos al ritmo antiguo que habitamos antes de que la conciencia nos dividiera. Uno de los aspectos más bellos del alma es que constituye el punto de encuentro entre la separación del aire y la pertenencia a la tierra. El alma media entre el cuerpo y la mente; alberga a ambos. En este sentido primordial, el alma es imaginativa.

El cuerpo está en el alma

Debemos aprender a confiar en el aspecto indirecto de nuestro yo. El alma es el lado oblicuo de la mente y el cuerpo. El pensamiento occidental enseña que el alma está en el cuerpo, que se halla encerrada en una región especial, pequeña y sutil de éste. A menudo ha sido imaginada de color blanco. Y se dice que, cuando la persona muere, el alma parte, y el cuerpo se derrumba. Se trata de una visión errónea del alma. De hecho, una versión más antigua aborda el problema de la relación entre alma y cuerpo de un modo opuesto. El cuerpo está en el alma. Ésta es más extensa que el cuerpo, abarca a éste y también a la mente. Sus antenas son más perceptivas que las de la mente o el yo. Si confiamos en esta dimensión de sombra, llegaremos a nuevos lugares en nuestra aventura humana. Pero antes debemos liberarnos. Si no dejamos de forzarnos, jamás entraremos en comunión con nosotros mismos. Algo antiguo en nuestro interior crea lo que es novedoso. En realidad se necesita muy poco para desarrollar un auténtico sentido de la propia individualidad espiritual. Una de las cosas absolutamente esenciales para ello es el silencio; la otra es la soledad.

La soledad es uno de los aspectos más valiosos del espíritu humano. La soledad no tiene nada que ver con el abandono. Cuando te sientes abandonado, adquieres una conciencia dolorosa de la separación. La soledad puede constituir un regreso a tu comunión más profunda. Uno de los aspectos más bellos que poseemos como individuos es la presencia de lo inconmensurable en nosotros. En cada uno de nosotros hay un punto de absoluta desconexión de todo y de todos. Es un tesoro, aunque asusta reconocerlo. Esto implica que no podemos seguir buscando en el exterior lo que necesitamos dentro. Las bendiciones que anhelamos no están en otros lugares o personas. Únicamente tu propio yo puede dártelas. El fuego de tu alma es su hogar.

SER NATURAL ES SER SANTO

En el oeste de Irlanda, muchas casas cuentan con un lar. En invierno, cuando visitas a alguien, atraviesas el paisaje frío y desolado hasta llegar al fuego, donde te aguardan el calor y la magia. El fuego de turba es una presencia antigua. La turba viene de la tierra, trae recuerdos de árboles, campos y tiempos remotos. Resulta extraño quemar la tierra en la intimidad de la casa. Me fascina la imagen del lar como lugar de regreso y calidez.

En la soledad interior de todos hay un lar cálido y brillante. La idea de inconsciente, aunque profunda y maravillosa, hace que a veces se tenga miedo de regresar a ese fuego particular. Malinterpretamos el inconsciente si pensamos que es un sótano donde guardamos nuestra represión y el daño que nos hacemos a nosotros mismos. El miedo a nosotros mismos nos hace imaginar que hay monstruos en nuestro interior. Dice Yeats: «El hombre necesita una valentía temeraria para descender al abismo de sí mismo». Pero la verdad es que estos demonios no ocupan todo el inconsciente. La energía primordial del alma nos reserva una calidez y una bienvenida maravillosas. Uno de los motivos por los que estamos en la Tierra es para establecer esta relación con nosotros mismos, esta amistad interior. Los demonios sólo nos acosarán mientras tengamos miedo. Todas las aventuras mitológicas clásicas exteriorizan los demonios. En la batalla, el héroe se engrandece y alcanza nuevos niveles de creatividad y equilibrio. Cada demonio interior porta una preciosa bendición que cura y libera. Para recibir ese don, debes abandonar tu miedo y afrontar el riesgo de pérdidas y cambios que cada encuentro interior trae consigo.

Los celtas poseían un magnífico conocimiento intuitivo de la complejidad de la psique. Creían en varias presencias divinas. Lugh era el dios más venerado. Se trataba de un dios de luz y de dones. El Luminoso. La antigua festividad de Lunasa recibe su nombre de él. La diosa de la Tierra era Anu, madre de la fecundidad. También reconocía el origen divino de la negatividad y la oscuridad. Había tres diosas madres de la guerra: Morrigan, Nemain y Badb. Las tres cumplían un papel crucial en la antigua epopeya de Taín. Los dioses y las diosas estaban siempre vinculados a algún lugar. Los árboles, los manantiales y los ríos eran lugares especiales de presencias divinas. La psique antigua, alentada por este amplio abanico de presencias divinas, jamás estuvo tan aislada y desconectada como la moderna. Los celtas poseían una espiritualidad intuitiva basada en una atención al paisaje cuidadosa y reverente. Era la espiritualidad del aire libre, exaltada por la carga erótica de la tierra. La recuperación del alma pasa por la sanación de nuestra desconexión con la tierra.

En términos teológicos o espirituales, podemos entender esta desconexión absoluta con la totalidad como un vacío sagrado en el alma que nada externo puede llenar. En ocasiones, tratamos desesperadamente de llenarlo con posesiones, trabajo o creencias, maniacos intentos de colmar este vacío, pero nunca es suficiente. Siempre se desmoronan y nos dejan más vulnerables e indefensos que antes. Pero llega el momento en que comprendes que ya no puedes camuflar ese vacío. Mientras no oigas su voz, serás un fugitivo interior, huyendo de refugio en refugio, sin un lugar al que puedas llamar hogar. La naturalidad es santidad, pero es difícil ser natural, es decir, sentirse a gusto con la propia naturaleza. Si estás fuera de tu ser, si siempre buscas fuera de ti, desoyes la llamada de tu propio misterio. Cuando reconoces la soledad de tu integridad y te acoges a su misterio, tus relaciones con los demás adquieren una nueva calidez, aventura y asombro.

La espiritualidad se convierte en sospechosa cuando se utiliza como anestésico para engañar el hambre espiritual; esa espiritualidad surge del miedo a la soledad. Quien afronta la soledad con valentía aprende que no tiene motivos para temer. La frase «no temas» aparece 366 veces en la Biblia. En el corazón de tu soledad se encuentra una alegría. Cuando lo comprendes, pierdes gran parte del miedo que domina tu vida. En el momento en que tu miedo se transfigura, entras en el ritmo de tu propio ser.

La mente danzante

Hay muchas clases de soledad. La del sufrimiento, cuando se atraviesa la oscuridad, es intensa y terrible. Las palabras no pueden expresar tu dolor; lo que los demás escuchan en ellas está muy lejos de tu verdadero sufrimiento. Todos hemos conocido ese momento lúgubre. La sabiduría popular admite que, en esas ocasiones, debes tratarte a ti mismo con una ternura absoluta. Me agrada la imagen de un campo de maíz en otoño. Cuando sopla el viento, el maíz no trata de permanecer erguido ni de resistir su fuerza, porque entonces lo arrancaría de raíz; por el contrario, se mece con el viento, se inclina hasta el suelo y después se yergue para recuperar su posición y su equilibrio. Esto mismo sucede con cierta araña depredadora, que jamás teje su tela entre dos objetos duros, como las piedras, para evitar que el viento la arranque. Instintivamente la teje entre las hojas de hierba. Cuando el viento sopla, la tela se inclina con la hierba y después se equilibra de nuevo. Éstas son dos bellas imágenes de una mente que armoniza con su propio ritmo. Cuando endurecemos nuestra mente, cuando nos aferramos a nuestras ideas o creencias, ejercemos una terrible presión sobre ella, perdemos la suavidad y la flexibilidad que dan lugar a la comunión, el refugio protector. En muchas ocasiones, la mejor forma de cuidar el alma es flexibilizar las ideas que endurecen y cristalizan la mente, porque éstas nos alejan de nuestra profundidad y belleza. La creatividad precisa de una tensión flexible y moderada. La imagen del violín resulta muy instructiva en este caso. Las cuerdas excesivamente tensas o flojas se rompen. Pero si están debidamente afinadas, el violín puede soportar una fuerza tremenda y producir la música más tierna y poderosa.

La belleza ama los lugares abandonados

Sólo en la soledad puedes descubrir el sentido de tu propia belleza. El artista divino no envió a nadie aquí desprovisto de la profundidad y la luz de la belleza divina. Ésta suele quedar oculta detrás de la fachada apagada de la rutina. Únicamente en la soledad podrás descubrir tu belleza. En Connemara, donde abundan las aldeas de pescadores, existe el siguiente dicho: «Encontrarás la langosta en un lugar inesperado o abandonado». En las descuidadas esquinas y grietas de tu esquiva soledad hallarás el tesoro que siempre buscaste en otros lugares. Ezra Pound dijo algo similar acerca de la belleza: «A la belleza le gusta mantenerse alejada de la mirada pública. Prefiere los lugares abandonados, porque sabe que allí encontrará la clase de luz que repite su forma, dignidad y naturaleza». En cada persona reside una hermosura profunda. La sociedad moderna está obsesionada por la belleza artificial. Ésta se ha estandarizado y se ha convertido en un producto a la venta. En su significado más real, la belleza es la iluminación del alma.

Hay una linterna en el alma que hace luminosa la soledad. Ésta no tiene por qué ser solitaria. Puede despertar a su tibia luminosidad. El alma redime y transfigura todo porque es espacio divino. Cuando habitas plenamente tu soledad y vives sus extremos de aislamiento y abandono, descubres que, en su núcleo, no hay abandono ni vacío, sino intimidad y refugio. En tu soledad estás más cerca de la comunión y la afinidad que en tu vida social o en el mundo público. En este nivel, la memoria es la gran amiga de la soledad. La cosecha de la memoria comienza cuando la soledad madura. Wordsworth habla de ello en relación con su recuerdo de los narcisos: «A menudo, cuando estoy echado en el sofá, ausente o pensativo, surgen en el ojo interior, que es el éxtasis de la soledad».

Tu personalidad, creencias y papel en la vida son, en realidad, una técnica o una estrategia para atravesar tu rutina cotidiana. Cuando estás solo o cuando despiertas en medio de la noche, puede aflorar el conocimiento verdadero que hay en ti. Puedes sentir el equilibrio secreto de tu alma. Cuando recorres la distancia interna para alcanzar lo divino, la distancia externa desaparece. Irónicamente, la confianza en tu comunión interna altera radicalmente tu comunión externa. A menos que encuentres la comunión en tu soledad, tu anhelo externo seguirá necesitado y desesperado.

En el interior nos aguarda una maravillosa bienvenida. El Maestro Eckhart ilustra este concepto al decir que, en el alma, hay un lugar que ni el espacio, ni el tiempo, ni la carne pueden tocar. Es el lugar eterno de nuestro interior. Acudir a ese lugar con frecuencia para nutrirte, fortalecerte y renovarte es un regalo maravilloso que puedes hacerte. Las cosas más profundas que necesitas no están en otra parte. Están aquí y ahora, en el círculo de tu propia alma. La amistad y santidad verdaderas permiten a la persona visitar asiduamente el lar de esta soledad; esta bendición invita a un acercamiento a los demás en su santidad.

Los pensamientos son nuestros sentidos interiores

Nuestra vida en el mundo nos llega en forma de tiempo. Consecuentemente, nuestra expectativa es tanto creativa como constructiva. Si sólo esperas hallar en tu interior elementos reprimidos, abandonados y vergonzosos de tu pasado o el acoso del hambre, únicamente encontrarás vacío y desesperación. Si no diriges el ojo benigno de la expectativa creadora a tu mundo interior, jamás encontrarás nada allí. Tu manera de ver las cosas es la fuerza más poderosa a la hora de dar forma a tu vida. En un sentido vital, la percepción es la realidad.

La fenomenología ha demostrado que toda conciencia es conciencia de algo. El mundo no está fuera de nosotros; nuestra intencionalidad lo construye. En general, construimos nuestro mundo de una forma tan natural que no somos conscientes de lo que estamos haciendo en este preciso instante. Se podría decir que el mismo ritmo de construcción obra también en nuestro interior. Nuestra intencionalidad construye los paisajes de nuestro mundo interior. Tal vez ha llegado el momento de una fenomenología del alma. Ésta crea, da forma y puebla nuestra vida interior. La puerta de entrada a nuestra identidad más profunda no está en el análisis mecánico, sino que debemos escuchar al alma, expresar su sabiduría de forma poética y mística. Emplearla como receptáculo de nuestras energías analíticas frustradas y exhaustas resulta tentador. Sin embargo, conviene recordar que, en los tiempos antiguos, el alma era profunda, peligrosa e imprevisible precisamente porque era concebida como la presencia de lo divino en nuestro interior. Separada de la santidad, se convierte en una cifra anodina. Despertar el alma es viajar hacia la frontera donde la experiencia se inclina ante el *mysterium tremendum et fascinans* de la alteridad.

Existe una íntima conexión entre la forma que tenemos de ver las cosas y lo que, en realidad, llegamos a descubrir. Si aprendes a observarte a ti mismo y a tu vida de un modo amable, creativo y aventurero, siempre encontrarás algo que te sorprenda. En otras palabras, nunca percibimos nada de manera total y pura. Vemos todo a través de la lente del pensamiento. Tu manera de pensar determina lo que descubres. El Maestro Eckhart expresó esta idea de un modo maravilloso: «Los pensamientos son nuestros sentidos interiores». Sabemos que si nuestros sentidos exteriores están dañados, la presencia del mundo se reduce para nosotros. Si tu visión es pobre, el mundo se vuelve borroso; si tu sentido del oído está dañado, un silencio sordo reemplaza lo que podría ser la música o la voz de tu amado. Del mismo modo, si tus pensamientos están dañados, si son negativos o se ven disminuidos, nunca descubrirás nada enriquecedor o hermoso en tu alma. Si los pensamientos son nuestros sentidos interiores y permitimos que éstos sean pobres o débiles, corremos el riesgo de perdernos las riquezas de nuestro mundo interior. Debemos imaginar con mayor coraje si queremos recibir a la creación plenamente.

El pensamiento nos relaciona con nuestro mundo interior. Los pensamientos que no son propios son de segunda mano. Cada uno debe aprender el lenguaje particular de su alma. En ese peculiar lenguaje se pueden descubrir lentes del pensamiento que aclaren e iluminen el mundo interior. Dostoievsky afirmó que muchas personas viven sus vidas sin hallarse jamás a sí mismas en sí mismas. Si temes la soledad o si la abordas con pensamientos de protección o empobrecidos, no podrás llegar a lo más profundo de ti. El punto de mayor crecimiento en la vida tiene lugar cuando permites que tu luz interior te despierte. Ésta puede ser la primera ocasión en la que te contemplas tal y como eres. El misterio de tu presencia no puede reducirse a tu papel en la vida, tus actos, tu ego o tu imagen. Eres una esencia eterna; ésa es la razón antigua de tu presencia. Comenzar a vislumbrar esta esencia es entrar en armonía con tu destino y con la providencia que siempre vela por tus días y tus caminos. Este proceso de autodescubrimiento no es fácil; puede conllevar sufrimiento, dudas y consternación. Pero no debemos encoger la totalidad de nuestro ser con el propósito de reducir el dolor.

SOLEDAD ASCÉTICA

La soledad ascética es difícil. Te retiras del mundo para obtener una visión más clara de quién eres, qué haces y hacia dónde te lleva la vida. Las personas que se comprometen con este camino llevan una existencia contemplativa. Cuando visitas a alguien en su casa, la puerta y el umbral están llenos de texturas de presencia de todas las bienvenidas y despedidas que han ocurrido en ellos. Si visitas un claustro o un convento, nadie saldrá a recibirte a la puerta. Entras, haces sonar una campana y una persona aparece detrás de una reja. Son casas especiales que albergan a supervivientes de la soledad. Se han exiliado de la adoración externa de la tierra para aventurarse en el espacio interior donde los sentidos no tienen nada que celebrar.

La soledad ascética precisa de silencio. Y una de las grandes víctimas de la cultura moderna es, precisamente, el silencio. Vivimos una época intensa, visualmente agresiva; todo se dirige hacia el exterior, hacia la sensación de la imagen. Una consecuencia de nuestra cultura cada vez más homogeneizada y universalista es el tremendo poder de la imagen. Con el proceso de continua globalización, ciertas imágenes elegidas pueden acceder a la universalidad de un modo instantáneo. Existe una moderna industria del desplazamiento, increíblemente sutil y poderosamente calculadora, en la que se ignora por completo todo lo que es profundo y vive en silencio en nuestro interior. La superficie de nuestra mente se ve de continuo seducida por el poder de las imágenes. Se produce un desahucio siniestro; la vida de la gente es arrastrada constantemente hacia el exterior. La publicidad y la realidad social exterior, poderosos propietarios del mundo moderno, expulsan el alma del mundo interior. Este exilio exterior nos empobrece. Muchas personas sufren de estrés, no porque realicen actividades estresantes, sino porque se permiten muy poco tiempo de silencio. La soledad fecunda es inconcebible sin silencio ni espacio.

El silencio es uno de los grandes umbrales del mundo. La espiritualidad de los padres del desierto influyó profundamente en la filosofía celta. Para estos ascetas, el silencio era el maestro: «Un discípulo visitó al abad Moses en el monasterio de Scete, buscando su consejo. Pero el anciano le dijo: "Ve y siéntate en tu celda; ella te enseñará todas las cosas"». En el mundo celta, el silencio y lo desconocido eran considerados los íntimos compañeros de la travesía humana. Los saludos y despedidas que iniciaban y finalizaban las conversaciones eran siempre bendiciones. En *Taín*, Emer bendice a Cúchulainn de un modo maravilloso cuando le dice: «Que el camino te bendiga» (literalmente, «voy a tu lado en un carro que gira hacia la derecha». Ésta era la dirección del sol y atraía la buena suerte). Al leer poesía y plegarias celtas se tiene la sensación de que las palabras emergen de un silencio profundo y reverente. En el contexto del *anam cara*, esta perspectiva de soledad y silencio purificaba e intensificaba el encuentro de dos personas.

Fundamentalmente, hay un gran silencio que va al encuentro del lenguaje; todas las palabras provienen del silencio. Aquellas que tienen profundidad y resonancia, que son curativas y fecundas, están cargadas de un silencio ascético. El lenguaje que no reconoce su afinidad con la realidad es banal, denotativo y puramente discursivo. El lenguaje de la poesía surge del silencio y a él regresa. Una de las víctimas de la cultura moderna es la conversación. Cuando hablas con alguien, generalmente todo lo que oyes es un discurso superficial o un catálogo de novedades terapéuticas. Es lamentable oír a una persona describiéndose a sí misma según el proyecto en que está involucrada o el trabajo exterior que conlleva su papel.

Cada individuo es destinatario cotidiano de nuevos pensamientos y sentimientos inesperados. Pero, muy a menudo, en nuestros encuentros sociales y en la forma en que nos describimos a nosotros mismos, estos pensamientos y sentimientos nos son expresados. Esto es decepcionante en vista de que las cuestiones más profundas que heredamos llegaron a nosotros a través de conversaciones significativas. La tradición celta se transmitió fundamentalmente de forma oral. Los relatos, poemas y plegarias vivieron durante siglos en la memoria y en la voz de la gente. La compañía y la presencia de semejante cosecha de memorias ayudaban a poetizar las percepciones y las conversaciones. Sin la memoria, las conversaciones se hacen amnésicas, repetitivas y superficiales. La percepción se vuelve más poderosa cuando abarca la memoria y la experiencia; hace que la conversación se convierta en una auténtica exploración.

En las verdaderas conversaciones hay imprevisibilidad, peligro y resonancia; pueden cambiar en cualquier momento y rozan continuamente el límite de lo inesperado y lo desconocido. No son estructuras del solitario ego, sino que crean comunidad. Gran parte de nuestra conversación recuerda a la araña que teje maniáticamente una tela de lenguaje fuera de sí misma. Nuestros monólogos paralelos con sus tartamudeos entrecortados sólo refuerzan el aislamiento. Hay poca paciencia para el silencio de donde emergen las palabras o para el que se encuentra entre ellas y dentro de ellas. Cuando olvidamos o descuidamos este silencio, vaciamos nuestro mundo de sus presencias secretas y sutiles. Ya no podemos conversar con los muertos o ausentes.

El silencio es hermano de lo divino

El Maestro Eckhart dijo que nada en el mundo se parece tanto a Dios como el silencio. Éste es un gran amigo íntimo que nos revela los tesoros de la soledad. Pero es muy difícil acceder a esa cualidad de silencio interior. Se debe crear un espacio para que éste comience a obrar en uno. En cierto sentido, el arsenal y el vocabulario de terapias, psicologías y programas espirituales son innecesarios. Si confías en tu soledad y tienes expectativas sobre ella, todo lo que necesitas saber te será revelado. El poeta francés René Char escribió estos versos maravillosos: «La intensidad es silenciosa, su imagen no lo es. Amo todo lo que me deslumbra y acentúa mi oscuridad interior». Ésta es una imagen del silencio como fuerza que descubre las profundidades ocultas. El silencio es hermano de lo divino.

Una de las tareas de la verdadera amistad es escuchar con compasión y creatividad los silencios ocultos. Con frecuencia, las palabras no revelan los secretos; éstos están ocultos en el silencio que existe entre ellas o en la profundidad de lo inexpresable entre dos personas. En la vida moderna nos precipitamos a expresarnos, por lo que muchas veces la calidad de lo expresado suele ser superficial y repetitiva. Es deseable una mayor tolerancia del silencio, ese silencio fecundo que es la fuente de nuestro lenguaje más resonante. La profundidad y la esencia de una amistad se reflejan en la calidad y el amparo del silencio entre dos personas.

Cuando empiezas a entablar amistad con tu silencio interior, una de las primeras cosas que descubres es la cháchara superficial de tu mente. Una vez que la reconoces, el silencio se profundiza. Comienzas a distinguir entre las imágenes que te has hecho de tu yo y tu propia naturaleza profunda. Gran parte del conflicto con nuestra espiritualidad no tiene que ver con nuestra naturaleza más profunda, sino que se debe a las falsas imágenes superficiales que elaboramos. Después nos quedamos atrapados en la tarea de concebir una gramática y una geometría que establezcan una relación entre esas imágenes y posiciones superficiales, y, mientras tanto, abandonamos nuestra naturaleza profunda.

La multitud en el hogar del alma

La individualidad nunca es sencilla ni unidimensional. Con frecuencia parece como si una muchedumbre habitara el corazón individual. Los griegos creían que las figuras de los sueños eran personajes que abandonaban el cuerpo del que soñaba, salían a vivir sus aventuras en el mundo y regresaban antes de que éste despertara. En lo más profundo del corazón humano, no hay un yo sencillo, sino toda una galería de distintos yoes. Cada una de estas figuras expresa un aspecto de tu naturaleza, y, en ocasiones, entran en contradicción y en conflicto. Si te enfrentas a esas contradicciones a nivel superficial, podrías iniciar una batalla interior que te acosaría hasta el fin de tus días. Con frecuencia observamos personas seriamente divididas. Se hallan en una zona de guerra permanente y jamás se han adentrado en el hogar de la afinidad donde las dos fuerzas no son enemigas sino que son diferentes aspectos de una sola comunión.

No podemos encarnar en la acción la multiplicidad de seres que encontramos en nuestras meditaciones más profundas. Pero el desconocimiento de esos innumerables yoes empobrece gravemente nuestra existencia y nos bloquea el acceso al misterio. Aquí me refiero a la imaginación y sus riquezas; con frecuencia la reducimos a técnicas para resolver problemas.

Debemos desarrollar un sentido nuevo de la maravillosa complejidad del yo. Necesitamos modelos de pensamiento que sean justos y adecuados a su complejidad. La gente se asusta cuando descubre su propia complejidad; y, entonces, a martillazos de pensamientos de segunda mano, convierten el generoso paisaje interno en un cuadro monocromático. Se hacen conformistas. Se empeñan en encajar, dejan de ser presencias vividas, incluso para sí mismas.

La contradicción como tesoro

La contradicción es una de las formas más interesantes de complejidad. Necesitamos redescubrirla como fuerza creadora en el alma. A partir de Aristóteles, la tradición occidental ha proscrito la contradicción como presencia de lo imposible y, por consiguiente, como indicio de lo falso y lo ilógico. Sólo Hegel tuvo la clarividencia, sutileza y capacidad de reflexión necesarias para reconocer que la contradicción es una compleja fuerza de crecimiento que desdeña el desarrollo lineal para despertar todas las energías acumuladas en una experiencia. El conflicto y la turbulencia de su conversación interior generan una verdadera integridad de transfiguración, y no el falso cambio que se produce con la simple sustitución de una imagen, superficie o sistema por otro. Esta perspectiva nos conduce a una concepción más compleja de la verdad. Exige una ética de la autenticidad que incorpora y trasciende las intenciones simplistas de la mera sinceridad.

Necesitamos ser más pacientes con nuestro sentido de la contradicción interior para permitir que sus diferentes dimensiones entablen conversación dentro de nosotros. Existe una luz secreta y una energía vital en la contradicción. Donde hay energía, hay vida y crecimiento. Tu soledad ascética permitirá que tus contradicciones emerjan con fuerza y claridad. Si eres fiel a esa energía, llegarás a participar de una armonía más profunda que cualquier contradicción. Esto te dará el coraje que necesitas para afrontar la profundidad, el peligro y la oscuridad de tu vida.

Resulta asombroso observar la desesperación con la que nos aferramos a aquello que nos hace desdichados. Nuestras heridas se convierten en una fuente de placer perverso que consolida nuestra identidad. No queremos curarnos porque ello supondría adentrarnos en lo desconocido. Con frecuencia parece que nos volvemos destructivamente adictos a lo negativo. Eso que llamamos negativo suele ser la forma superficial de la contradicción. Si mantenemos nuestra desdicha en este nivel superficial, rechazamos la transfiguración, en un primer momento amenazante pero, en última instancia, redentora y curativa, que resulta de asumir nuestra contradicción interior. Debemos reevaluar aquello que consideramos negativo. Rilke decía que la dificultad es uno de los mejores amigos del alma. Nuestra vida se vería enriquecida si pudiéramos ofrecer a la negatividad la misma hospitalidad que damos a aquello que nos produce alegría y placer. Al evitar lo negativo, alentamos su repetición. Necesitamos encontrar nuevas formas de comprenderlo e integrarlo. Es uno de los amigos más cercanos a tu destino. Contiene energías esenciales que necesitas y que no hallarás en otra parte. El arte resulta esclarecedor, porque contiene insinuaciones de lo negativo bajo una forma que te permite participar imaginativamente de sus posibilidades. La experiencia del arte puede ayudarte a construir una fructífera amistad con lo negativo. Cuando te detienes frente a un cuadro de Kandinsky, donde la liturgia de la contradicción es fluida y gloriosa, cuando escuchas a Martha Argerich interpretar el tercer concierto en re menor para piano de Rachmaninov, experimentas la liberación de las fuerzas contradictorias que a cada momento amenazan y ponen a prueba la magnífica simetría que les da forma.

Sólo puedes entablar amistad con lo negativo si reconoces que no es destructivo. A menudo nos parece que la moral es enemiga del crecimiento. Interpretamos erróneamente las normas morales como descripciones de la dirección y las obligaciones del alma. Pero los más destacados pensadores de la filosofía moral nos dicen que estas normas son simples indicadores que nos alertan acerca del conjunto de valores latente en nuestras decisiones o provocado por ellas. Las normas morales nos animan a obrar con honor, compasión y justicia. No pueden ser simples descripciones porque cada persona y cada situación son distintas. Cuando advertimos algo inmoral, tendemos a ser severos con nosotros mismos y empleamos la cirugía moral para extirparlo. Pero, al hacer esto, sólo conseguimos que quede más atrapado en nuestro interior. Simplemente confirmamos nuestra visión negativa de nosotros mismos e ignoramos nuestro potencial de crecimiento. Hay una extraña paradoja en el alma: si tratas de deshacerte de una cualidad molesta, ésta te perseguirá. De hecho, la única forma eficaz de poner fin al malestar es transfigurarlo, dejar que éste se convierta en algo creativo y positivo que te enriquezca.

Un aspecto alentador de lo negativo es su sinceridad. Lo negativo nunca miente. Si fomentas la ausencia en lugar de habitar la presencia, te hablará claramente. Al entrar en la soledad, una de las primeras presencias que se anuncian es lo negativo. Nietzsche aseguró que uno de los mejores días de su vida fue cuando decidió que sus cualidades negativas eran las mejores que poseía. En esta suerte de bautismo, lejos de expulsar lo que a primera vista te parece desagradable, lo integras en tu vida. Ésta es la lenta y difícil tarea de la autorrecuperación. Todos tenemos cualidades o presencias en el corazón que nos resultan molestas, perturbadoras y negativas. Ser amable con ellas es una obligación sagrada. En cierto sentido, ser un padre afectuoso para esas cualidades es nuestro deber. La amabilidad curará lentamente su negatividad, aliviará su miedo y les ayudará a entender que el alma es un fuego donde no existe el juicio ni el deseo febril de poseer una identidad rígida y limitada. La amenaza de lo negativo es poderosa porque invita a practicar la caridad y la autoliberación, un arte al que nuestro pequeño intelecto se resiste con empeño. Tu visión es tu hogar y como tal debe contener muchas moradas para albergar tu divinidad salvaje. Esta integración respeta la multiplicidad de yoes internos. No los obliga a formar una unidad artificial, sino que les permite cohesionarse como un todo al que cada uno aporta sus características únicas para completar la armonía.

Este ritmo de autorrecuperación requiere tu generosidad y sentido del riesgo, no sólo en lo interior, sino también externamente, en el nivel interpersonal. Se trata, probablemente, del agitado territorio del que hablaba Jesús cuando nos exhortaba a amar a nuestros enemigos. Debemos ser cuidadosos en la elección de los «adversarios». Un alma despierta sólo debe tener «adversarios» dignos, que revelen su negatividad y potencialidad. Aprender a amar a nuestros enemigos es conquistar una libertad que trasciende el resentimiento y la amenaza.

El alma adora la unidad

Cuando te decides a practicar la hospitalidad interior, cesa el tormento. Los yoes abandonados, descuidados y negativos forman una unidad inconsútil. El alma es sabia y sutil; reconoce que la unidad fomenta el arraigo, adora la unidad. Lo que tú separas, ella lo une. A medida que tu experiencia se extiende y profundiza, tu memoria se hace más rica y compleja. Tu alma es la sacerdotisa de la memoria: selecciona, filtra y reúne tus días fugaces hacia la presencia. Esta liturgia de recuerdos nunca cesa en tu interior. La soledad humana es rica e infinitamente fértil.

La soledad de la naturaleza es fundamentalmente silenciosa. Esto se expresa de una manera muy bella en un sabio proverbio celta: *Castar na daoine ar a chéile ach ní castar na sléibhte ar a chéile* («Las montañas jamás se encuentran, pero las personas siempre pueden hacerlo»). Es extraño que dos montañas puedan estar próximas durante millones de años, pero jamás puedan acercarse. Dos desconocidos, por el contrario, pueden descender de esas montañas, reunirse en el valle y compartir sus mundos interiores. Esta separación debe de ser una de las experiencias más solitarias de la naturaleza.

El océano es uno de los mayores deleites para la vista humana. La costa es un teatro de fluidez. Cuando la mente está confusa, resulta tranquilizador pasear por la playa e impregnarse del ritmo del mar. El mar desenreda la mente anudada. Todo se suelta y regresa a sí mismo. Las falsas divisiones se alivian, liberan y sanan. Pero el mar no se ve a sí mismo. Incluso la luz, que nos permite ver todo, no puede verse a sí misma, ya que es ciega. En *La Creación* de Haydn, la vocación del hombre y la mujer es celebrar y completar la creación.

Nuestra soledad es diferente. Al contrario que la naturaleza y el mundo animal, la mente humana contiene un espejo que reúne todos los reflejos. La soledad humana es antisolitaria. La soledad humana profunda es un lugar de gran afinidad y tensión. Cuando entras en ella, te haces compañero de todo y de todos. Cuando te extiendes frenéticamente hacia el exterior, buscando refugio en tu imagen externa o en tu papel, te exilias. Cuando regresas paciente y silenciosamente a tu yo, entras en la unidad y el arraigo.

Nadie más que tú puede intuir la eternidad y la profundidad que se ocultan en tu soledad. Éste es uno de los aspectos solitarios de la individualidad. Sólo adquieres conciencia de lo eterno en ti cuando te enfrentas a tus miedos. El elemento verdaderamente solitario de la soledad es el miedo. Nadie más que tú puede acceder al mundo interior que llevas dentro; tú eres el custodio y la puerta a ese mundo. Nadie puede ver el mundo de la misma manera que tú, ni nadie puede sentir tu vida del modo como tú lo haces. Es imposible establecer algún tipo de comparación porque cada persona habita un terreno distinto. Cuando te comparas con los demás, invitas a entrar en tu conciencia a la envidia, que puede ser un huésped peligroso y destructivo. Una de las grandes tensiones de la vida espiritual es hallar el ritmo de su lenguaje, percepción y comunión singulares. La lealtad a la propia vida requiere un compromiso y una visión que ha de ser constantemente renovada.

Si tratas de visualizarte a través de las lentes que te ofrecen otros, sólo verás distorsiones; tu propia luz y belleza te parecerán borrosas, desagradables y feas. Tu sentido de la belleza interior debe ser algo muy íntimo. Lo sagrado y lo secreto son hermanos. Nuestra época padece de un alto grado de desacralización porque lo secreto ha desaparecido. Nuestra moderna tecnología de la información es una gran destructora de intimidad. Debemos proteger lo más profundo y reservado de nosotros. Por eso la vida moderna tiene tanta hambre de lenguaje del alma, que es una presencia tímida. El hambre de lenguaje del alma demuestra que ésta se ha visto obligada a refugiarse en lo más íntimo; sólo allí puede seguir su propia textura y ritmo. Al proclamar la doctrina de la autosuficiencia, el mundo moderno ha negado el alma y la ha obligado a llevar una existencia marginal.

Una forma de conectarse con la vida más profunda consiste en recuperar la conciencia de la timidez del alma. Aunque puede crear dificultades, la timidez es una cualidad atractiva. En una suerte de consejo inesperado, Nietzsche dice que ruborizarse es una de las mejores formas de despertar el interés en el otro. Sin embargo, el valor de la timidez, con su misterio y discreción, es ajeno a la inmediatez frontal de los encuentros modernos. Para conectarnos con nuestra vida interior debemos aprender a no abordar el alma de manera directa o conflictiva. Dicho de otra manera, la conciencia de neón, presente en gran parte de la psicología y espiritualidad modernas, siempre nos dejará pobres de alma.

HACIA UNA ESPIRITUALIDAD DE LA NO INTERFERENCIA

En las granjas, se aprende a respetar la naturaleza y, especialmente, la sabiduría de su oscuro mundo subterráneo. Cuando se siembra en la primavera, encomendamos las plantas a la oscuridad del suelo y éste hace su trabajo. Resulta destructivo interferir en el ritmo y la sabiduría de su oscuridad. El martes siembras varias hileras de patatas y estás satisfecho. El miércoles alguien te dice que están demasiado juntas y que así no tendrás cosecha. Entonces, las desentierras y vuelves a plantarlas con mayor separación. El lunes siguiente, un técnico agropecuario te dice que esa variedad de patata requiere que estén muy juntas. Vuelves a desenterrarlas para plantarlas muy próximas. Pero si sigues así, nada podrá crecer en tu huerto. En nuestro hambriento mundo moderno, la gente remueve constantemente la tierra de su corazón. Siempre tenemos un pensamiento, plan o síndrome nuevos para justificar por qué somos de la manera que somos. Un viejo recuerdo abre una nueva herida. Así se remueve implacablemente, una y otra vez, la tierra del corazón. En la naturaleza no vemos a los árboles preocupados por el análisis terapéutico de sus raíces ni por el mundo pétreo que debieron evitar en su camino hacia la luz. El árbol crece en dos direcciones simultáneamente, hacia la oscuridad y hacia la luz, con todas las ramas y raíces que necesita para encarnar sus deseos salvajes.

La introspección negativa daña el alma. Atrapa a muchas personas durante años e, irónicamente, nunca les permite cambiar. Es prudente permitir que el alma realice su obra secreta durante el periodo nocturno de la vida. Puede que no veas nada nuevo durante mucho tiempo. Tal vez sólo obtengas indicios muy débiles del crecimiento secreto en tu interior, pero esto es suficiente. Debemos sentirnos realizados y satisfechos. No se puede dragar el fondo del alma con la exigua luz del autoanálisis. El mundo interior no se revela a bajo precio. Quizá el análisis sea un camino equivocado para acercarse a la oscuridad interior.

Todos tenemos heridas; debemos ocuparnos de ellas y permitir que se curen. Aquí la hermosa frase de Hegel resulta muy oportuna: «Las heridas del espíritu curan sin dejar cicatrices». Cada una de ellas tiene su curación, pero ésta aguarda en el lado indirecto, oblicuo, no analítico de nuestra naturaleza. Debemos tener conciencia de dónde estamos heridos e invitar a nuestra alma profunda, en su mundo nocturno, a sanar el tejido dañado, renovarnos y devolvernos a la unidad. Si cuidamos de la herida de un modo indirecto y benigno, ésta se curará. La esperanza creativa cura y renueva.

Si pudieras confiar en tu alma, recibirías todas las bendiciones que necesitas. La vida misma es el gran sacramento a través del cual somos heridos y sanados. Si vivimos todo, la vida nos será digna de confianza.

UNO DE LOS PECADOS MAYORES ES LA VIDA NO VIVIDA

La tradición occidental nos enseñó muchas cosas sobre la naturaleza de la negatividad y el pecado, pero nunca se nos dijo que uno de los mayores pecados es la vida no vivida. Se nos envía al mundo a vivir plenamente todo lo que despierta en nosotros y todo lo que viene hacia nosotros. Es una experiencia desoladora acompañar, en su lecho de muerte, a alguien que está lleno de pesares; oírle decir cuánto desearía contar con un año más para cumplir esos sueños que siempre posponía para después de la jubilación. Posponía el sueño de su corazón. Muchas personas no viven la vida que desean, y la mayoría de las cosas que les impiden cumplir su destino son falsas. No son barreras reales, sino tan sólo imágenes de su mente. No permitamos que nuestros miedos o las expectativas de los demás determinen las fronteras de nuestro destino.

Tenemos el privilegio de contar aún con tiempo. Disponemos de una sola vida, por lo que es una lástima permitir que el miedo y las falsas barreras la limiten. Ireneo, el gran filósofo y teólogo del siglo II, dijo que «la gloria de Dios es el ser humano viviendo en plenitud». Resulta bello pensar que la verdadera divinidad es la presencia en la que se armonizan toda belleza, unidad, creatividad, oscuridad y negatividad. Lo divino desborda de pasión creativa e instinto por la vida vivida plenamente. Si te permites ser la persona que eres, todo entrará en armonía. Si vives la vida que amas, obtendrás refugio y bendiciones. A veces, la carencia de bendiciones, en y alrededor de nosotros, tiene su origen en no vivir la vida que deseamos, sino la que se espera de nosotros. Estamos en disonancia con la firma secreta y la luz de nuestra naturaleza.

Cada alma tiene su forma. Cada persona tiene un destino secreto. Si tratas de imitar lo que hicieron otros o adaptarte por la fuerza a un molde prefabricado, traicionas tu individualidad. Necesitamos regresar a la soledad interior para recuperar el sueño que yace en el fuego del alma. Necesitamos sentir ese sueño con el asombro de un niño ante el umbral de un descubrimiento. Cuando redescubrimos nuestra naturaleza infantil, entramos en un mundo de benigna potencialidad. Después, nos adentramos cada vez más en ese lugar de distensión, gozo y celebración; nos deshacemos de las falsas cargas; entramos en armonía con nosotros mismos, y nuestra forma de arcilla aprende gradualmente a caminar con gozo sobre esta maravillosa tierra.

Bendición de la soledad

Que reconozcas en tu vida la presencia,
el poder y la luz de tu alma.
Que comprendas que nunca estás solo,
que el brillo de tu alma y el arraigo te conectan
íntimamente con el ritmo del universo.
Que respetes tu individualidad y tus diferencias.
Que comprendas que la forma de tu alma es única,
que sepas que un destino especial te espera,
que detrás de la fachada de tu vida
algo hermoso, bueno y eterno está sucediendo.
Que aprendas a verte a ti mismo con el mismo gozo,
orgullo y felicidad con que Dios te ve en cada momento.

4

EL TRABAJO COMO POÉTICA DEL CRECIMIENTO

EL OJO CELEBRA EL MOVIMIENTO

El ojo humano ama el movimiento y siempre está atento a la menor señal de éste. Conoce los momentos de alegría frente al mar cuando la marea sube y las olas ejecutan su danza sobre la playa. Ama el movimiento de la luz, como el de la luz estival en una nube que flota sobre un prado. El ojo sigue la agitación de las hojas y los árboles mecidos por el viento. El movimiento siempre atrae a los humanos. Cuando eras niño, primero quisiste gatear y después andar; de adulto, sientes el deseo constante de avanzar hacia la independencia y la libertad.

Todo lo que está vivo está en movimiento. A esto se le llama desarrollo o crecimiento. La forma más emocionante de desarrollo no es la física, sino la interior, la del alma y la vida. Es aquí donde el anhelo sagrado del corazón infunde movimiento a la vida. El deseo más profundo del corazón es que este movimiento no se vea interrumpido y adquiera suficiente continuidad para convertirse en ritmo de la propia vida.

El cambio y el crecimiento es el corazón del tiempo. Cada vivencia que despierta en ti enriquece tu alma y profundiza en tu memoria. La persona es nómada, viajando de umbral en umbral hacia experiencias diferentes. En cada vivencia nueva, se despliega una nueva dimensión del alma. No es casualidad que, desde tiempos remotos, se dé por supuesto que el ser humano es un vagabundo. Antiguamente, estos vagabundos recorrían territorios extraños y desconocidos. Pero como dijo Stanislavsky, el director teatral y pensador ruso, «el viaje más largo y emocionante es hacia el interior de uno mismo».

El alma humana contiene una maravillosa potencialidad de crecimiento. Para comprenderlo, podemos imaginar la mente como una torre con muchas ventanas. Lamentablemente, muchas personas se quedan atrapadas ante una sola ventana. El crecimiento tiene lugar cuando uno se aleja de esa ventana y pasea por la torre interior del alma para dirigirse hacia otras. A través de ellas aparecen nuevas perspectivas de potencialidad, presencia y creatividad. A menudo sucede que la satisfacción, la rutina y la ceguera nos impiden percibir la vida. Mucho depende del marco de la visión, es decir, la ventana a través de la cual se observa.

Crecer es cambiar

En la poética del crecimiento es importante comprender que la potencialidad y el cambio siempre nos acompañan y nos permiten acceder a nuevas profundidades interiores. Su movimiento interno y continuo nos hace conscientes de la eternidad que se oculta tras la fachada externa de nuestra vida. En lo más profundo de cada existencia, por muy intelectual o rutinaria que parezca desde el exterior, sucede algo eterno. Ésta es la conspiración secreta del cambio y la potencialidad con el crecimiento. John Henry Newman resumió esta idea en esta hermosa frase: «Crecer es cambiar, y ser perfecto es haber cambiado a menudo». Por eso el cambio, lejos de ser amenazante, puede acercar nuestra vida a la perfección. Ésta no es un frío fin. Tampoco implica evitar riesgos y peligros para conservar el alma pura y la conciencia despejada. Cuando eres fiel al riesgo y a la ambivalencia del crecimiento, te comprometes con tu vida. El alma ama el riesgo, que es la puerta por donde puede entrar el crecimiento. Holderlin dijo: «Entender a Dios es cercano y difícil. Allí donde hay peligro, también crece la redención».

La potencialidad y el cambio se convierten en crecimiento durante esa medida de tiempo que llamamos día. Habitamos los días. Este ritmo da forma a nuestra vida. Tu vida toma la forma de cada nuevo día que te es dado vivir. El poeta polaco Tadeusz Rózewicz habla de la dificultad para escribir buenos poemas. Un autor escribe, escribe y escribe, pero la cosecha es mínima. Sin embargo, Rózewicz afirma: «Es más fácil escribir un libro que vivir un día plenamente». Cada día es valioso porque es, en esencia, el microcosmos de tu vida entera. Te ofrece posibilidades y promesas nunca vistas. Asumir con honor la total potencialidad de la vida es asumir dignamente la potencialidad del nuevo día. Cada ser humano es diferente. Dice Dios en el Apocalipsis: «Estoy haciendo la creación de nuevo; el mundo del pasado se ha ido». El nuevo día profundiza lo que ya sucedió y nos presenta lo que es asombroso, imprevisible y creativo. Aunque desees cambiar tu vida, hagas terapia o adoptes una religión, la nueva visión será mera palabrería si no la incorporas a la práctica del día.

La veneración celta del día

La espiritualidad celta tenía una profunda conciencia del valor de cada día y de su carácter sagrado. Los celtas jamás iniciaban la jornada con una perspectiva repetitiva y embrutecedora; cada día era un comienzo. Esta bella oración lo expresa así:

Dios me bendiga para el nuevo día
no concedido antes,

para bendecir mi presencia me has dado
el triunfo, oh Dios.
Bendice mi ojo,
que mi ojo bendiga todo lo que ve,
bendeciré a mi vecino,
que mi vecino me bendiga,
que Dios me dé corazón limpio,
no me pierda de vista tu ojo,
bendice a mis hijos y a mi esposa,
y bendice mis útiles y mi ganado.

Para los celtas, el nuevo día se vivía en plena naturaleza. Es fácil tener conciencia creativa del día cuando se vive en presencia de esa gran divinidad llamada naturaleza. Para los celtas, ésta no era materia, sino una presencia radiante y sobrenatural llena de profundidad, potencialidad y belleza.

El antiguo y bello poema titulado *El bramido del ciervo* invoca el día:

Me levanto hoy
por la fuerza de Dios que me dirige,
el poder de Dios que me sostiene,
la sabiduría de Dios que me guía,
el ojo de Dios que me mira,
el oído de Dios que me oye,
las palabras de Dios que me hablan,
la mano de Dios que me cuida,
el camino de Dios que surge ante mí,

los escudos de Dios que me protegen,
las huestes de Dios que me salvan
de las trampas de los demonios,
de las tentaciones de los vicios,
de todo el que me desee el mal,
lejos y cerca,
solo y entre la multitud.

Este poema expresa el reconocimiento celta de la omnipresencia de Dios. El simple acto de despertar es visto como un regalo. Ante el umbral de un nuevo día, no existe la arrogancia; más bien el anhelo de la alabanza. Dios es retratado como el *anam cara* divino. A cada momento y en cada situación, es el amigo íntimo y atento que nos alienta.

El concepto del día como lugar sagrado ofrece una maravillosa perspectiva para la creatividad que puede traer. Tu vida adquiere la forma de los días que habitas. Ellos nos penetran. Tristemente, en la vida moderna, el día suele ser una jaula donde la persona pierde su juventud, energía y fuerza. Se experimenta como una jaula precisamente porque se pasa en el lugar de trabajo. Muchos de nuestros días y buena parte de nuestro tiempo transcurren en trabajos que están lejos de los campos de la creatividad y el sentimiento. El lugar de trabajo puede ser complejo y complicado. La mayoría de nosotros trabajamos para otro y perdemos mucha energía en ello. De hecho, una de las definiciones de energía es capacidad de trabajar. Los días que pasamos en la jaula hacen que nos sintamos cansados y agotados. En la ciudad, los atascos matutinos retrasan a las personas que acaban de terminar la noche y se sienten soñolientas, nerviosas y frustradas. La presión y el estrés ya les han estropeado el día. Al atardecer, están cansadas por la larga jornada de trabajo. Cuando llegan a casa no les queda energía para los deseos, pensamientos y sentimientos que desatendieron durante todo el día.

A simple vista, es muy difícil reunir el mundo del trabajo y el del alma. La mayoría de la gente trabaja para sobrevivir. Necesitamos ganar dinero; no tenemos alternativa. Por otra parte, los que están desempleados se sienten frustrados y denigrados, y sufren una merma de su dignidad. Sin embargo, los que trabajamos con frecuencia nos sentimos atrapados en una jaula de previsibilidad y repetición. Todos los días son iguales. El trabajo tiene un componente que nos hace caer en el anonimato. Tan sólo se nos demanda que aportemos nuestra energía. Nos movemos en nuestro lugar de trabajo y por la tarde, cuando nos vamos, se olvidan de nosotros. Tenemos la sensación de que nuestra contribución, aunque necesaria y exigida, es puramente funcional y, en realidad, poco apreciada. El trabajo debería ser, más bien, un lugar de posibilidades y de auténtica expresión.

El alma anhela expresarse

El ser humano tiene un profundo anhelo de expresión. Uno de los caminos más bellos para que el alma se haga presente es el pensamiento, donde su vivacidad interior toma forma. En cierto sentido, nada en el mundo es más rápido que el pensamiento. Puede volar por todas partes y estar con cualquier persona. Nuestros sentimientos también vuelan muy rápido; pero, a pesar de que son muy valiosos para nuestra identidad, tanto ellos como los pensamientos permanecen en gran medida invisibles. Para sentirnos reales, necesitamos dar expresión a ese mundo interior invisible. Toda vida necesita expresarse. Cada vez que llevamos a cabo una acción, lo invisible de nuestro interior adquiere forma y encuentra su expresión. Es por eso por lo que nuestro trabajo debería ser un lugar donde el alma pueda tener la posibilidad de hacerse presente y visible. Esa reserva desconocida, valiosa y fecunda que hay en nuestro interior podría salir al exterior y adquirir forma visible. Nuestra naturaleza anhela profundamente esa posibilidad de expresión en lo que llamamos trabajo.

Me crié en una granja. Éramos pobres y todos teníamos que trabajar. Siempre agradeceré que me enseñaran a hacerlo. Desde entonces, me satisface poder trabajar todos los días. Me siento frustrado cuando se desaprovecha un día de trabajo y por la noche tengo la sensación de que se han perdido muchas posibilidades. En el campo, tu esfuerzo surte unos efectos claros y visibles. Cuando recoges patatas, observas el resultado; el huerto da sus frutos enterrados. Cuando levantas un muro en un campo, introduces una nueva presencia en el paisaje. Cuando vas a la ciénaga a recoger turba, por la noche ves que está lista para secarse. El trabajo en el campo produce una gran satisfacción. Aunque es agotador, uno ve la recompensa por el esfuerzo. Cuando dejé el campo, entré en el mundo del pensamiento, la literatura y la poesía. Este trabajo tiene lugar en el reino invisible. Quien trabaja en el territorio de la mente no ve nada. En ocasiones vislumbra débiles ondas producidas por su esfuerzo, por lo que se necesita mucha paciencia y confianza en uno mismo para intuir la cosecha invisible en el territorio de la mente. Es necesario entrenar al ojo interior en los reinos invisibles donde los pensamientos pueden crecer y los sentimientos echar raíces.

Pisreoga

Para muchas personas, su lugar de trabajo es frustrante, ya que no les permite ni el crecimiento ni la creatividad. En muchos casos es un lugar anónimo donde la funcionalidad y las imágenes tienen el control. Puesto que el trabajo exige tanto esfuerzo, el trabajador siempre es vulnerable. Incluso en la antigua tradición celta, la negatividad podía aprovecharse para volver a la naturaleza contra el trabajador. Cuando una persona odiaba a otra o quería causarle un daño, solía destruir su cosecha. Éste es el mundo de *pisreoga*. Si alguien tenía celos de su vecino, enterraba huevos en su campo de patatas. Al llegar la cosecha, el dueño encontraba que sus patatas estaban podridas. El deseo de dañar se materializaba a través de un rito de invocación negativa que empleaba el símbolo de un huevo. Esto despojaba a la tierra de su poder y fecundidad.

En la tradición celta, el primero de mayo era una fecha peligrosa en la que había que proteger el pozo de los espíritus negativos o dañinos que destruían, dañaban y envenenaban el agua. Un ejemplo de esa negatividad es la siguiente historia que contaba mi tío sobre una aldea vecina. Una mañana de mayo, un pastor que andaba por el campo con sus animales se cruzó con una mujer desconocida que arrastraba una cuerda. La saludó con la bendición *dia dhuit*, pero ella dejó la cuerda y se alejó sin responder. Como era una buena cuerda, el pastor la recogió, la llevó a su casa y la dejó en el cobertizo, en el fondo de un barril, donde quedó olvidada. Cuando llegó la época de la cosecha y los vecinos lo ayudaban a cargar el heno en el carro, alguien le preguntó si tenía una cuerda para atar el último fardo. El hombre respondió: «No tengo otra cuerda que la de la vieja bruja». Fue al cobertizo a buscarla y, cuando llegó, vio que el barril estaba lleno de mantequilla. La vieja no era una extraña inocente: había robado la crema y la fuerza de la tierra aquella mañana de mayo. Cuando la vieja soltó aquella cuerda, el poder permaneció en ella y la crema de la tierra llenó el barril. Esta historia muestra cómo se puede perder la cosecha y el fruto del trabajo en el peligroso umbral de una mañana de mayo.

La presencia como textura del alma

En el lugar de trabajo moderno, una atmósfera negativa puede resultar muy dañina. Cuando hablamos de un individuo, hablamos de su presencia, que es la forma en que se manifiesta su individualidad frente a otros. La presencia es la textura del alma de esa persona. Esta misma presencia en relación con un grupo de personas recibe el nombre de ambiente o espíritu de grupo. El ambiente de un lugar de trabajo es una presencia grupal muy sutil. Se trata de un concepto difícil de describir o analizar, pero uno siente inmediatamente su poder y sus efectos. Cuando el espíritu de grupo es positivo, pueden ocurrir cosas maravillosas. Acudimos al trabajo con alegría porque el espíritu grupal sale a nuestro encuentro. El ambiente es amable, acogedor y creativo. Pero si el espíritu grupal del lugar de trabajo es negativo y destructivo, al levantarnos por la mañana nos sentimos mal ante la idea de ir a trabajar. Es triste que mucha gente tenga que pasar gran parte de su breve tránsito por el mundo en una empresa con un ambiente negativo y destructivo. El lugar de trabajo puede llegar a ser muy hostil; a menudo, en estos casos, es un ambiente de poder en el que uno trabaja para personas que tienen el poder de despedirlo, criticarlo, abusar de él y comprometer su dignidad. No es un ambiente acogedor. Esta gente tiene poder sobre nosotros porque le entregamos nuestro poder.

Te propongo el siguiente ejercicio: pregúntate qué imagen proyectan las personas que tienen poder sobre ti.

Una amiga mía trabaja en una escuela cuyo director es muy inseguro y débil. Se trata de un hombre que suele estar a la defensiva y que usa su poder de manera muy negativa. Recientemente, en una reunión previa al inicio del año escolar, regañó a todo el personal. Al día siguiente, mi amiga se encontró con este hombre, que paseaba por el centro de la ciudad con su esposa, y advirtió asombrada que, fuera del contexto de su poder, parecía totalmente insignificante. Su sorpresa se debía a que proyectaba un gran poder sobre ella en su papel de director de escuela.

A veces permitimos que la gente ejerza un poder destructivo sobre nosotros simplemente porque no la interrogamos. Cuando la falsedad se disfraza de poder, no hay nada que pueda desenmascararla tan rápidamente como una pregunta. Todos conocemos el cuento del traje del emperador. El emperador desfiló por la ciudad vestido con su nuevo traje, pero en realidad estaba desnudo. Todos aplaudían y elogiaban su hermosa vestimenta, hasta que una niña exclamó que el emperador estaba desnudo. Una palabra verdadera tiene un poder total. Dice el Nuevo Testamento: «Conoceréis la verdad y la verdad os hará libres». Esta máxima es apropiada para todo tipo de situaciones. Las preguntas hechas con tacto, sin agresividad, que permiten buscar la verdad, impiden que una persona se apropie de todo el poder en una determinada situación. De esta forma, la gente compleja y sumisa evitará ser reducida a un papel externo y controlado.

Debilidad y poder

A menudo las personas que ostentan el poder no son tan fuertes como pretenden aparentar. Muchas de las que buscan desesperadamente el poder son débiles. Desean estas posiciones para compensar su fragilidad y vulnerabilidad. Un individuo débil que ostenta el poder nunca será generoso porque ve en las preguntas o en las alternativas amenazas a su supremacía y dominio. Si deseas enfrentarte de un modo creativo a esa persona, debes hacerlo indirectamente y con mucho tacto. Es la única forma de llevar la palabra de la verdad al corazón de un poderoso que está asustado.

Como área de poder, el trabajo también puede llegar a ser un lugar de control. Esto es perjudicial porque reduce la independencia y la autonomía. Ante una figura autoritaria, uno regresa a la infancia. A causa de nuestra relación no transfigurada con nuestros padres, en ocasiones transformamos las figuras autoritarias en gigantes. Entre poder y autoridad hay una diferencia crucial. Cuando tomas conciencia de la integridad de tu poder interior, te conviertes en tu propia autoridad. La palabra «autoridad» implica que eres el autor de tus ideas y acciones. El mundo funciona por medio de estructuras de poder. Por consiguiente, lo deseable sería que las personas de gran sensibilidad, imaginación y comprensión estuvieran dispuestas a asumir las funciones del poder. Un individuo carismático en una posición de poder puede lograr cambios positivos de gran alcance.

Cuando te controlan, no te tratan como sujeto, sino como objeto. Las personas que ostentan el poder suelen tener un instinto sobrenatural para utilizar el sistema en tu contra. Conozco a un hombre que se hizo millonario con el negocio de la ropa. Las mujeres que trabajaban para él cobraban unos salarios muy bajos y, de vez en cuando, se acumulaban las tensiones en el lugar de trabajo. Un día subió el volumen de la radio a un nivel insoportable y las empleadas se quejaron. El hombre observó que la agresividad empezaba a aumentar y, finalmente, un grupo de trabajadoras le pidió que bajara el volumen. Él se negó y las obreras amenazaron con declararse en huelga. Sin embargo, el hombre mantuvo el volumen elevado. Cuando ellas ya estaban a punto de abandonar el trabajo, bajó el volumen. Con esta estrategia, les hizo creer que ellas tenían el poder. Volvieron al trabajo con la sensación de haber obtenido una victoria sobre su jefe, aunque éste había provocado el conflicto. Esto ocurrió hace cuarenta años. En las empresas modernas, con los sindicatos y los derechos del trabajador, la patronal no recurre a estrategias tan groseras. Sin embargo, aún hoy se explota a los trabajadores. Actualmente, los empresarios aplican estrategias más sutiles de control y alienación.

En el lugar de trabajo puede haber una gran competitividad. En ocasiones los empresarios provocan que los trabajadores compitan entre ellos. Por consiguiente, uno se enfrenta a sus colegas por cuestiones de productividad. Ve en ellos una amenaza. Cuando la productividad es el dios, el individuo queda reducido a un rol. Sería maravilloso que el lugar de trabajo fuera un recinto de inspiración donde se pudiera aplicar la creatividad. Los dones particulares de cada trabajador serían bien recibidos y las contribuciones, visibles. Cada ser humano posee un don particular. La vida es más satisfactoria cuando podemos desarrollar y expresar nuestro don en el trabajo. De esta forma uno es libre para recibir inspiración de los demás.

Puesto que cada ser humano posee un don particular relacionado con su empleo, no es necesario que los trabajadores compitan entre sí. De ese modo, el lugar de trabajo acoge todas las energías, los ritmos y los dones del alma. No hay razones para que no empiecen a fomentar esa clase de creatividad en él.

El trabajo no debe beneficiar solamente a empresarios y trabajadores, sino también a la comunidad. Se deberían desarrollar sistemas para que los trabajadores participaran de los beneficios. La entrada de la imaginación y el despertar del alma exigen que se conciba el trabajo como un aporte a la creatividad y a la mejora de la comunidad en general. Una empresa que obtiene grandes beneficios debe asistir y ayudar a los pobres y marginados. Ha de tener como prioridad unas condiciones de trabajo óptimas. Además, debe admitir las preguntas honestas, aunque resulten molestas. Los procesos de trabajo destinados a la creación de productos que ponen en peligro a las personas y la naturaleza tienen que ser evaluados y cambiados.

En el mundo del trabajo negativo, donde eres controlado, donde se impone el poder y te ves reducido al papel de mero funcionario, todo se rige por la ética de la competencia. En el mundo del trabajo creativo, donde usas tus dones, no hay competencia. El alma transfigura la necesidad de competir. Por el contrario, en el mundo de la cantidad reina la competencia: si yo tengo menos, tú tienes más. En el mundo del alma, cuanto más tienes, más tienen todos. El ritmo del alma es la sorpresa de la riqueza sin límites.

La trampa del falso arraigo

Esta nueva concepción del lugar de trabajo ayudaría a satisfacer una de las necesidades vitales de todo ser humano: ser parte de algo. Todos queremos ser parte de algo. Deseamos pertenecer a un grupo, a una familia y especialmente al lugar donde trabajamos. Esto liberaría una inmensa creatividad en la empresa donde desempeñamos nuestra labor. Imagina qué hermoso sería poder mostrarte en tu trabajo tal y como eres, expresar tu naturaleza, dones e imaginación. No necesitarías separar tu casa ni tu vida privada de tu mundo laboral. Ambos mundos fluirían entre sí de manera creativa y enriquecedora. En cambio, son demasiadas las personas que pertenecen al sistema porque son obligadas y dirigidas.

La gente suele ser muy descuidada en su modo de participar. Muchos pertenecen de manera ingenua a los sistemas en los que están involucrados. Si son despedidos de repente, o si el sistema se derrumba o un compañero es ascendido, se sienten destrozados, heridos y humillados. En casi todas las empresas o lugares de trabajo hay individuos desilusionados. Al principio, llegaron con toda su energía e ingenuidad, pero los dejaron de lado, los decepcionaron, los encasillaron como funcionarios. Exigieron y usaron sus energías, pero sus almas nunca interesaron.

La clave del asunto es que nunca debes entregarte totalmente a algo exterior a ti. Es muy importante encontrar un equilibrio en tu entrega. Nunca te entregues plenamente a una causa o sistema. Mucha gente necesita pertenecer a un sistema externo porque teme pertenecer a su propia vida. Cuando tu alma despierta, te das cuenta de que ella es la patria de tu verdadero arraigo. Tu anhelo está seguro allí. El arraigo está emparentado con el anhelo. Y éste es un valioso instinto del alma. El lugar de tu arraigo ha de ser acorde con tu dignidad. Debes pertenecer ante todo a tu propia interioridad. Si estás en comunión con ella, en armonía contigo mismo y conectado con esa profunda y exclusiva fuente de tu interior, no te sentirás vulnerable cuando tu arraigo externo disminuya, se relativice o desaparezca. Podrás erguirte sobre tu propio terreno, el de tu alma, donde no eres inquilino, sino que estás en tu propia casa. Nadie puede alejarte, excluirte o desterrarte de tu interioridad. Ése es tu tesoro. Como dice el Nuevo Testamento: «Donde esté tu tesoro, allí también estará tu corazón».

Trabajo e imaginación

Uno de los aspectos más alentadores del trabajo moderno, sobre todo en el mundo empresarial, es el creciente reconocimiento de la imaginación como fuerza vital y esencial. Esto no se debe a que los empresarios amen la imaginación. Han aprendido a valorarla por otras razones, como que los mercados son variables y los cambios tan rápidos que los antiguos modelos de control del trabajo han dejado de ser productivos. Los empresarios comienzan a reconocer que el sistema lineal repetitivo de control del trabajo y del trabajador ya no resulta rentable. Por consiguiente, el alma es bienvenida en el lugar de trabajo. Y esto es así porque la imaginación reside en ella.

La imaginación es la fuerza creadora del individuo. Supera continuamente nuevos umbrales y libera posibilidades de conocimiento y creatividad que la mente lineal, controladora y externa ni siquiera puede vislumbrar. La imaginación trabaja en el umbral que separa la luz de la oscuridad, lo visible de lo invisible, la búsqueda de la pregunta, la posibilidad del hecho. Es amiga de la posibilidad. Despierta y viva, la imaginación nunca se hace rígida ni cerrada, sino que permanece abierta e incita a nuevos umbrales de potencialidad y creatividad.

Cuando preparaba mi doctorado en Alemania, tuve la buena suerte de compartir alojamiento con un gran filósofo hindú que ha escrito libros sorprendentes relacionados con el desarrollo del conocimiento científico. Como este hombre había dirigido la tesis de muchos doctorandos, le pedí consejo para mis investigaciones hegelianas. Me dijo que la gran mayoría de los investigadores trata de llegar a alguna conclusión o verificación que nadie pueda criticar ni refutar. Todos lo hacen, no hay novedad en ello. Me recomendó que adoptara un enfoque distinto. Si encontraba algunas preguntas que a nadie se le había ocurrido formular, descubriría algo realmente original e importante. Este consejo fue una invitación para ir en busca de lo nuevo, una inspiración para enfocar una situación concreta de una manera totalmente diferente.

En el trabajo se desarrolla mucho esfuerzo, pero es raro que alguien trate de aportar su imaginación. Generalmente, se permite que predomine una rutina insípida. Incluso las críticas de los trabajadores se vuelven previsibles y monótonas. En ocasiones, un trabajador nuevo aporta un modo diferente de pensar y preguntar. De forma repentina, una situación en punto muerto adquiere frescura y animación; las potencialidades, que dormían bajo la superficie de la vieja rutina, se despiertan; las personas toman la iniciativa y adquieren interés; el proyecto se llena de nuevas energías. Una persona que es capaz de enfocar el lugar de trabajo con la potencialidad de la imaginación, en lugar del análisis lineal previsible y rutinario, puede darle nueva vida e inspirar a todos los demás. Por esto el poeta o el artista del alma es una presencia tan importante en el mundo actual. Al abrir puertas y ventanas en lo que hasta entonces habían sido muros infranqueables, le devuelve una frescura que había perdido. Este enfoque en el lugar de trabajo convierte la creatividad y la espontaneidad en fuerzas energéticas.

Espontaneidad y bloqueo

Nada nuevo puede suceder en un lugar administrado de un modo rutinario y forzado. Es imposible forzar el alma. Cuando estaba en Alemania, mi conciencia se intensificó y se volvió inquietamente activa. A consecuencia de ello, comencé a padecer de insomnio. Quienes realizan un trabajo físico durante el día pueden sobrevivir con pocas horas de sueño. En cambio, si se realiza un trabajo intelectual preciso y exigente es necesario dormir mucho, por lo que el insomnio se convirtió en un serio problema. Por la mañana, después de una hora de trabajo, me sentía cansado e incapaz de continuar. Detestaba tener que ir a la cama y todas las noches me esforzaba por dormir. Probé varios métodos. Recuerdo que una noche, en la que me sentía más agotado que nunca, me dije: «Acéptalo, jamás volverás a dormir bien. No volverás a conocer una noche de descanso total. Tendrás este problema toda tu vida». Lo más extraño es que, cinco minutos después de reconocer esto, me quedé profundamente dormido. Poco a poco, en las noches siguientes, volví a mis horas de sueño normales. Lo que me impedía dormir era el intento deliberado de hacerlo. En cuanto me liberé de este deseo, el sueño volvió de forma natural.

Cuando se lleva intencionadamente la voluntad y el intelecto al lugar de trabajo, la insípida rutina se enraíza más que nunca. Cuando se da rienda suelta a esa luz del alma que es la imaginación, el trabajo se transforma en un lugar completamente distinto. No debemos permanecer indiferentes a nuestro trabajo ni al lugar donde lo desempeñamos. Un cuidadoso análisis en el que determinemos si nuestro trabajo es una auténtica expresión de nuestra identidad, dignidad y dones resulta vital. Si no es así, tal vez debamos tomar algunas dolorosas decisiones. Si vendes tu alma, recibes a cambio una vida de desgracias.

La respetabilidad y la seguridad son trampas sutiles en el trayecto de la vida. Los que se sienten atraídos por los extremos suelen acercarse más a la renovación y al descubrimiento de su yo. Los que se quedan atrapados en el insípido término medio de la respetabilidad están perdidos aunque no lo sepan. Ésta puede ser una trampa para los adictos a los negocios. Muchos empresarios sólo utilizan una parte de su intelecto: la parte estratégica, táctica y mecánica, día tras día. Adoptan esta rutina mental en todo, incluso en su vida interior, motivo por el cual son poderosos en el escenario del trabajo, pero fuera de éste tienen una apariencia de melancolía y desconcierto. La presencia del alma no puede ser reprimida impunemente. El pecado contra el alma siempre tiene un coste altísimo. El trabajo puede llegar a ser una seducción que te haga pecar profundamente contra tu alma salvaje y creativa. Puede apoderarse de toda tu identidad. Una de las obras literarias más inquietantes del siglo XX retrata el destino surrealista de un funcionario profundamente meticuloso y fiel. Se trata de *La metamorfosis* de Kafka, cuyo inicio resulta sobrecogedor: «Al despertar cierta mañana, después de un sueño intranquilo, el comerciante Gregorio Samsa comprobó que se había transformado en un monstruoso insecto». Con diestro anonimato, surrealismo y humor negro, la habilidad de Kafka para retratar al sistema y sus funcionarios es inigualable.

EL PAPEL PUEDE LLEGAR A ASFIXIAR

Si únicamente despiertas tu voluntad e intelecto, el trabajo puede convertirse en tu identidad. Esta idea la resume un epitafio bastante divertido de una lápida de Londres: «Aquí yace Jeremy Brown, que nació hombre y murió tendero». En algunas personas, suele ocurrir que su identidad, esa salvaje y compleja mezcla de alma y color de espíritu, queda reducida a lo laboral. En esos casos, se convierten en prisioneros de sus roles, limitando y reduciendo sus existencias. Se dejan seducir por la práctica de la ausencia del yo y se alejan cada vez más de su vida. Posteriormente, se ven obligadas a regresar a las zonas ocultas de la periferia del corazón. Entonces, por más que uno busque a la persona, sólo llega a conocer al funcionario. Puede ser peligroso ejercitar únicamente el aspecto exterior lineal del intelecto. El mundo empresarial y laboral empieza a reconocer la necesidad de la turbulencia, la anarquía y las posibilidades de desarrollo que aporta el imprevisible mundo de la imaginación. Éstas son esenciales para la pasión y la fuerza en la vida de la persona. Si únicamente ejercitas tu parte exterior y te quedas en la superficie mecánica, acabas por agotarte sin darte cuenta. Y después, con los años, empiezas a desesperarte.

SÍSIFO

Cuando la fatiga se agrava, la protección natural del alma se destruye. Recordamos aquí el mito de Sísifo, quien, por su pecado, fue condenado a subir una gran piedra a la cumbre de una montaña. Cada vez que estaba cerca de llegar a su meta, la piedra escapaba de sus manos y rodaba hasta el pie de la montaña. Si Sísifo fuera libre para abandonar el castigo, tendría paz. Pero es prisionero de lo fútil y está condenado a hacer eternamente el mismo trabajo sin poder concluirlo. Tiene que empujar la piedra cuesta arriba, consciente de que nunca llegará a la cima. En el mundo laboral y empresarial, la persona que se queda en la superficialidad de su función y ejercita solamente la parte lineal de su intelecto es un Sísifo. Corre el gran peligro de sufrir una crisis. Ésta suele ser un intento desesperado de su alma para atravesar la fachada exhausta de la función impuesta. La superficie lineal del mundo laboral no puede albergar la profundidad del alma. El que permanece en la rutina queda atrapado en una sola ventana de la mente. No puede dirigirse al balcón del alma y disfrutar de los diferentes paisajes a través de las ventanas de la sorpresa y la potencialidad.

La rapidez es otro factor de gran estrés en el trabajo. El filósofo Jean Baudrillard habla de la velocidad de la vida moderna. Cuando las cosas se mueven a una velocidad excesiva, nada puede estabilizarse, echar raíces o crecer. Hay una hermosa historia acerca de un explorador de África que estaba desesperado por salir de la selva. Tres o cuatro nativos llevaban su equipaje y todos avanzaron a gran velocidad durante tres días. Al finalizar la tercera jornada, los nativos se sentaron y se negaron a continuar. El explorador los instó a seguir la marcha y les explicó que tenía la obligación de llegar a su destino en un plazo determinado. Pero los nativos se mantuvieron en su negativa. Finalmente, después de muchos ruegos, el explorador consiguió que le explicaran el motivo. Un nativo le dijo: «Hemos corrido demasiado para llegar hasta aquí; debemos dar tiempo a nuestros espíritus para que nos alcancen». Muchas personas que están secretamente hartas de su trabajo no se toman el tiempo para que sus espíritus les den alcance. Necesitamos darnos tiempo y olvidar todos los compromisos: es un ejercicio de reflexión sencillo pero vital. Deja que la presencia descuidada de tu alma vuelva a conocerte y a pasear contigo. Puede ser un maravilloso reencuentro con tu misterio olvidado.

La imaginación celta habla de otro concepto y experiencia del tiempo. El reconocimiento de la presencia y la celebración de la naturaleza eran posibles porque el tiempo era una ventana abierta a la eternidad; nunca se reducía a los hechos consumados. Siempre era tiempo de maravillarse.

Es uno de los aspectos más encantadores de Irlanda. La gente tiene tiempo. A diferencia de otras regiones del mundo occidental, la gente lleva un ritmo más flexible y abierto. La ideología de la rapidez y de la eficiencia clínica no ha llegado aquí... todavía.

El salmón del conocimiento

A menudo hay una gran ironía en la forma en que el alma se comporta. Con frecuencia, en el mundo laboral, las personas con una visión analítica lineal se pierden la cosecha y los frutos del trabajo. El ritmo de visión de la imaginación nunca es lineal. El ojo de la imaginación sigue el ritmo del círculo. Si tu visión se limita a un propósito lineal, podrías pasar por alto el destino secreto que puede depararte cierta actividad. Una hermosa leyenda celta habla de Fionn y el salmón de la sabiduría. Fionn quería ser poeta, la vocación sagrada en la Irlanda celta. El poeta aunaba en su persona el poder sobrenatural, el poder del druida y el poder de la creatividad. Tenía acceso a misterios que no estaban disponibles para la gente común.

Había un salmón en el río Slane, en el condado de Meath, y la persona que lo pescara y lo comiera se convertiría en el mayor poeta de Irlanda. Además, obtendría el don de la clarividencia. Un hombre llamado Fionn, *el Vidente* había perseguido al salmón durante siete años. El joven Fionn MacCumhaill acudió a él para aprender el oficio de poeta. Un día, Fionn *el Vidente* llegó con el salmón del conocimiento. Encendió una hoguera y lo puso en un espetón. Había que dar vueltas con mucho cuidado, para no quemarlo, pues, en ese caso, se perdería el don. Al cabo de un rato, la leña empezó a agotarse. Fionn *el Vidente* no tenía a quien enviar a buscar leña. En ese momento, llegó su protegido Fionn y le encomendó que cuidara del pescado. El joven Fionn MacCumhaill, que era un soñador, se distrajo. De repente, vio el salmón y observó que en su carne se había formado una ampolla. Pensó, asustado, que Fionn *el Vidente* se pondría furioso con él por estropear el salmón e intentó reventar la ampolla con el pulgar, pero se quemó. Entonces, se llevó el pulgar a la boca para aliviar el dolor. La grasa del salmón se había pegado a la yema de su dedo, y, en cuanto la saboreó, recibió la sabiduría, el don de la clarividencia y la vocación de poeta. El viejo Fionn volvió con la leña, y, cuando vio los ojos del joven, comprendió lo que había ocurrido. Decepcionado, vio que el don que tanto había buscado se había apartado de él en el último momento para ir a un joven inocente que jamás había soñado con él.

Esta historia nos muestra que, a pesar de la sinceridad y el compromiso, la mente lineal puede perder el don. La imaginación, en su lealtad a la posibilidad, suele seguir un camino curvo en lugar de recto. El premio al riesgo es una cosecha de creatividad, belleza y espíritu.

A veces una persona tiene dificultades en su trabajo, no porque éste no sea apropiado para ella, sino porque su visión es imperfecta y defectuosa. Esa persona puede carecer de foco. Ha permitido que la tierna presencia de su experiencia se dividiera. No concibe el trabajo como expresión e imaginación, sino como trampa y resistencia.

La imagen falsa puede paralizar

La percepción es vital para la comprensión. Lo que ves y cómo lo ves determinan cómo serás. Tu percepción o visión de la realidad es la lente a través de la cual ves las cosas. Tu percepción determina el comportamiento de las cosas para ti y hacia ti. Tenemos la tendencia de ver las dificultades como perturbaciones. Paradójicamente, la dificultad puede ser gran amiga de la creatividad. Me gustan estos versos de Paul Valéry: «Una dificultad es una luz; una dificultad insuperable es un sol». Es una forma muy diferente de pensar en lo molesto, lo desigual, lo difícil. De lo más profundo de nuestro ser sale un tremendo impulso de perfección. Queremos encajar todo en un mismo molde. No nos gusta lo imprevisto. Uno de los aspectos esenciales a la hora de reimaginar el lugar de trabajo es fomentar la capacidad de aceptar lo difícil y penoso, que a menudo no es el trabajo en sí, sino nuestra imagen de él.

Durante una etapa de mis estudios en Alemania, tuve una profunda conciencia de la imposibilidad de mi objetivo. Trabajaba en *La fenomenología del espíritu*; quien conozca la obra de Hegel sabrá que es un texto mágico, pero difícil. Mi conciencia de la dificultad del proyecto comenzó a reflejarse en mi actitud hacia el trabajo. Empecé a entrar en un estado de parálisis y, en poco tiempo, tuve que dejar mi trabajo. Los alemanes se refieren a este bloqueo con la acertada expresión *Ich stehe mir im Weg*, es decir, «yo solo me cierro el camino». Me precipitaba a mi mesa, convencido de que atravesaría la barrera, pero no podía concentrarme. La idea de que era una tarea imposible me obsesionaba. Cada día lo intentaba, pero estaba totalmente bloqueado.

Un día fui a dar un largo paseo por un bosque de las afueras de Tübingen. En medio del bosque, de repente, se me ocurrió que el problema que me tenía bloqueado no era Hegel, sino la imagen que me formaba de mi trabajo. Volví a casa inmediatamente, me senté y anoté en una hoja la imagen que me había hecho. De esa forma reconocí su fuerza. Cuando por fin tuve esto claro, pude separar la imagen del trabajo en sí. Unos días después, esta imagen se desvaneció y pude recuperar mi ritmo de trabajo.

Ciertas personas tienen grandes dificultades en su trabajo aunque éste sea una expresión genuina de su naturaleza, dones y potencial, pero la dificultad no está en él, sino en la imagen que tienen de él. La imagen no es una simple superficie, sino que también es una lente a través de la cual vemos. Somos en parte responsables de la construcción de nuestras imágenes y totalmente responsables del modo en que las usamos. Es liberador reconocer que la imagen no es la persona o la cosa.

El rey y el regalo del mendigo

Algo difícil o inesperado puede ser un gran don. A menudo recibimos regalos camuflados. Hay un bello cuento sobre un joven que fue coronado rey. Sus súbditos ya lo amaban antes y se mostraron encantados con la coronación. Le hicieron muchos regalos. Tras la ceremonia de coronación, se celebró una cena en el palacio. Entonces, llamaron a la puerta, y los sirvientes que fueron a abrirla se encontraron con un viejo mendigo que decía que quería ver al rey. Trataron de disuadirlo, pero el rey salió a hablar con él. El viejo lo elogió, dijo que todos estaban felices de tenerlo como rey y le entregó como regalo un melón. El monarca detestaba los melones, pero, para ser amable con el viejo, aceptó el regalo, le dio las gracias y el mendigo partió contento. El rey dijo a los sirvientes que tiraran el melón en el jardín trasero. La semana siguiente, a la misma hora, llamaron a la puerta. El rey acudió, el mendigo se deshizo en elogios y le entregó otro melón. Una vez más, el rey lo aceptó, despidió al viejo y tiró la fruta en el jardín. Este episodio se repitió durante varias semanas. El rey era demasiado bondadoso para decepcionar al anciano o menospreciar su generosidad. Una noche, cuando el mendigo se dirigía a entregar otro melón, un mono saltó del portal del palacio, cogió la fruta y la lanzó al suelo. El melón se rompió en pedazos y de su interior salió una cascada de diamantes. El rey corrió al jardín trasero y observó que todos los melones se habían derretido en torno a un montículo de piedras preciosas. La moraleja del cuento es que, en situaciones difíciles o problemáticas, a veces la dificultad sólo está en el exterior, mientras que en el interior brilla la luz de una bella joya. Es sabio acoger aquello que parece difícil o problemático.

Mi padre era un albañil muy hábil. Yo solía observarlo cuando levantaba paredes. En ocasiones, elegía una piedra completamente redonda. Las piedras redondas son inútiles porque no encajan en la estructura de una pared. Sin embargo, mi padre les daba forma con el martillo, hasta conseguir una piedra sin forma e inútil se adaptaba a la pared como si la hubieran hecho especialmente para ello. Me apasiona también imaginarme a Miguel Ángel tratando de encontrar en cada piedra, por pesada o deforme que fuera, una forma secreta que quiere emerger. Su obra *Los prisioneros,* que esculpió para la tumba del papa Julio II, ilustra este concepto. Las figuras humanas tratan de erguirse, pero, de cintura para abajo, están atrapadas en un bloque de mármol informe. Es una imagen increíble de liberación contenida. Frecuentemente, en los proyectos laborales difíciles, hay una forma secreta que quiere salir a la superficie. Si te centras en liberar la posibilidad oculta en tu proyecto, encontrarás una sorprendente satisfacción. El Maestro Eckhart habla bellamente acerca de la actitud que se debe adoptar hacia lo que se hace. Si se trabaja con mirada creativa y bondadosa, se creará belleza.

EL TRABAJO HECHO DE CORAZÓN CREA BELLEZA

Si lo piensas bien, el mundo de tu actividad es un gran tesoro. Lo que haces debe ser digno de ti, propio de tu atención, dignidad y autoestima. Si eres capaz de amar lo que haces, crearás belleza. Tal vez no ames tu trabajo en un principio, pero la faceta más profunda de tu alma puede ayudarte a llevar la luz del amor a aquello que haces. Entonces lo realizarás de forma creativa y transformadora.

En Japón hay un bello relato sobre un monje zen. El emperador tenía un ánfora fabulosa y antigua, de un bello y complicado diseño. Un día, alguien la dejó caer y el ánfora se hizo añicos. Llamaron al mejor alfarero del país, que intentó componer los fragmentos, pero fracasó. El emperador lo hizo decapitar y llamó a otro alfarero, que también fracasó. Esto se repitió durante semanas, hasta que ya no quedó ningún artista en el país, salvo un viejo monje zen que vivía en una cueva en la montaña junto a su joven aprendiz. Este último fue al palacio, recogió los fragmentos y los llevó a la cueva. El monje trabajó durante semanas hasta que, finalmente, apareció el ánfora. El aprendiz la contempló, sobrecogido por su belleza. El monje y su aprendiz llevaron el ánfora al palacio, y fueron recibidos con grandes muestras de placer por parte del emperador y los cortesanos. El anciano monje zen recibió una generosa recompensa y volvió con su aprendiz a la cueva. Un día, éste, mientras buscaba un objeto perdido, encontró los fragmentos del ánfora. Se dirigió a su maestro y le dijo: «Mira los fragmentos, no es verdad que los reunieras. ¿Cómo pudiste hacer un ánfora tan bella como la que se rompió?». El maestro contestó: «Si haces tu trabajo con amor en tu corazón, siempre podrás crear algo bello».

Bendición

Que la luz de tu alma te guíe.
Que la luz de tu alma bendiga tu trabajo
con el amor secreto y la calidez de tu corazón.
Que veas en aquello que haces la belleza de tu alma.
Que la santidad de tu trabajo lleve salud, luz y renovación a los que trabajan contigo y a los que ven y reciben tu trabajo.
Que tu trabajo nunca te canse.
Que desate en ti manantiales de renovación,
inspiración y aliento.
Que estés presente en lo que haces.
Que nunca te pierdas en insípidas ausencias.
Que el día nunca te pese.
Que el alba siempre te halle despierto y atento,
esperando el nuevo día con sueños, posibilidades y promesas.
Que la noche te halle en estado de gracia y satisfecho.
Que comiences la noche bendecido, abrigado y protegido.
Que tu alma te serene, consuele y renueve.

5

ENVEJECER: LA BELLEZA DE LA COSECHA INTERIOR

EL TIEMPO COMO CÍRCULO

El ojo humano adora mirar; se regocija con la belleza salvaje de nuevos paisajes, la dignidad de los árboles, la ternura de un rostro humano o la esfera blanca de la Luna bendiciendo la Tierra en un círculo de luz. El ojo siempre se dirige a las formas de las cosas. Encuentra consuelo y una sensación de hogar en ciertas formas especiales. En lo más profundo de la mente humana existe una fascinación por el círculo porque esta forma satisface un anhelo interior. Es una de las configuraciones más remotas y universales del cosmos. La realidad suele expresarse con esta forma. La

Tierra es un círculo y el propio tiempo parece tener también una naturaleza circular. El círculo fascinaba al mundo celta y aparece constantemente en su arte. Los celtas transfiguraron la cruz al entrelazarla con un círculo. La cruz celta es un símbolo hermoso. El círculo alrededor de los brazos alivia la soledad de estas dos líneas dolorosas; parece consolar y serenar su linealidad melancólica.

Para los celtas, el mundo natural se componía de varios reinos. El primero era el mundo natural subterráneo bajo la superficie del paisaje. Este mundo era habitado por los Tuatha de Danann o la buena gente, las hadas. El reino intermedio, entre el subterráneo y el celeste, era el mundo humano. No existían fronteras impermeables entre ambos. En lo más alto estaba el mundo supersensible o superior de los cielos. Estas tres dimensiones fluían entre sí; cada una de ellas participaba en las demás. No es casualidad que se concibiera el tiempo como un círculo que abarcaba el todo.

El año es un círculo: el invierno se convierte en primavera; de ésta surge el verano y, finalmente, viene el otoño para completar el año. El círculo del tiempo no se interrumpe jamás. Su ritmo se refleja en el día, que también es circular. Primero surge el amanecer, que nace de la oscuridad, y crece hasta el mediodía; después, decrece hacia el atardecer hasta que se convierte en noche. El ser humano vive en el tiempo; por lo tanto, su vida también es circular. Venimos de lo desconocido, aparecemos sobre la Tierra, vivimos en ella, nos nutrimos de ella y, cuando llega el momento, regresamos a lo desconocido. El mar también sigue este ritmo: la marea fluye y refluye. Es como la respiración humana, que entra, llena el pecho y parte.

El círculo ofrece una bella perspectiva al proceso de envejecer. Según envejeces, el tiempo va afectando a tu cuerpo, a tus experiencias y sobre todo a tu alma. Hay una gran conmoción en el proceso de envejecer. A medida que el cuerpo se marchita, se comienza a perder el vigor natural y espontáneo de la juventud. El tiempo, como una marea lúgubre, corroe la membrana de las fuerzas. Lo hace gradualmente hasta vaciar la vida. Éste es uno de los problemas vitales que más nos afectan. ¿Podemos transfigurar el daño que nos ocasiona el tiempo? Para investigarlo, contemplemos primero nuestra afinidad con la naturaleza. Puesto que estamos hechos de arcilla, el ritmo exterior de las estaciones en la naturaleza se reproduce en nuestros corazones. Por eso, tenemos mucho que aprender de pueblos como los celtas, que supieron elaborar y articular su espiritualidad en hermandad con la naturaleza. Ellos vivían el año como un ciclo de estaciones. Aunque no tenían una psicología explícita, contaban con una gran intuición y sabiduría acerca de los ritmos profundos del arraigo humano, su vulnerabilidad, crecimiento y declive.

Las estaciones en el corazón

Existen cuatro estaciones en el corazón de arcilla. En invierno, los colores se desvanecen en el mundo de la naturaleza;

todo es gris, negro o blanco. Los paisajes y los bellos colores palidecen. La hierba desaparece y hasta la tierra se congela en un estado de desolado retraimiento. En invierno, la naturaleza se retira. El árbol pierde sus hojas y se dirige hacia su interior. En el invierno de la vida, sufrimos dolores, dificultades o problemas. Lo más prudente es imitar el instinto de la naturaleza y retirarse hacia el interior. Cuando en el alma es invierno, no conviene iniciar nuevos proyectos. Es mejor ocultarse y refugiarse hasta que pase el tiempo vacío y lúgubre. Éste es el remedio de la naturaleza, que se ocupa de sí misma hibernando. Si padeces un gran dolor en tu vida, debes buscar refugio en tu alma.

Uno de los tránsitos más hermosos en la naturaleza es el que ocurre entre el invierno y la primavera. Un antiguo místico zen dijo: «Cuando se abre una flor, es primavera en todas partes». Cuando la primera flor inocente e infantil se abre sobre la tierra, uno vislumbra la agitación de la naturaleza bajo la corteza helada. Existe una bella expresión en gaélico, *ag borradh*, que significa «un temblor de la vida a punto de irrumpir». Los maravillosos colores y la vida nueva que recibe la Tierra hacen de la primavera un tiempo de gran exuberancia y esperanza. En cierto sentido, la primavera es la estación más joven y el invierno, la más vieja. El invierno estaba aquí desde el principio. Reinó durante millones de años sobre una naturaleza silente e inhóspita, hasta que apareció la vegetación. La primavera es una estación joven, llega con un torrente de vida y esperanza. En su corazón habita un gran anhelo interior. Es una estación en la que el deseo y la memoria se agitan y se buscan. Por ello, la primavera en tu alma es una época ideal para emprender aventuras o proyectos nuevos, o realizar cambios importantes en tu vida. Si lo haces en ese momento, el ritmo, la energía y la luz que se ocultan en tu arcilla trabajan para ti. Estás en la corriente de tu crecimiento y potencial. La primavera en el alma puede ser hermosa, esperanzadora y fortificante. Puedes realizar difíciles transiciones de forma natural, no forzada y espontánea.

La primavera llega a su apogeo y continúa hacia el verano. En esta estación, la naturaleza se engalana de colores. La exuberancia, la fecundidad y la textura reinan en todas partes. El verano es una época de luz, crecimiento y llegada. Uno siente que la vida secreta del año se oculta en invierno, se asoma en primavera y termina de florecer en verano.

El verano en tu alma es un tiempo de gran equilibrio. Estás en el flujo de tu naturaleza. Puedes correr todos los riesgos que quieras porque siempre caerás de pie. Cuentas con suficiente abrigo y profundidad de textura a tu alrededor para sostenerte, equilibrarte y cuidarte.

El verano da paso al otoño. Ésta es una de mis estaciones favoritas; las semillas que se sembraron en primavera y crecieron en verano dan frutos en otoño. Es época de cosecha, la consumación del largo y solitario viaje de las semillas a través de la noche y el silencio que se esconde bajo la superficie de la Tierra. La cosecha es una de las grandes festividades del año. En la cultura celta, era una época muy importante, el tiempo en que la fertilidad de la tierra daba sus frutos. En el otoño de tu vida, los acontecimientos del pasado, las experiencias que sembraste en la arcilla de tu corazón, casi sin saberlo, también dan sus frutos. El otoño de la vida de la persona es un tiempo de recoger, de cosechar los frutos de la experiencia.

EL OTOÑO Y LA COSECHA INTERIOR

Éstas son las cuatro estaciones del corazón. Pueden estar presentes más de una, aunque, generalmente, predomina una sola en cada momento de la vida. Se acostumbra a ver el otoño como algo sincrónico con la vejez. En el otoño de tu vida recoges los frutos de tu experiencia. Éste es un bello trasfondo para comprender el envejecimiento. No es simplemente un proceso mediante el cual el cuerpo pierde su elegancia, fuerza y confianza. El envejecimiento también invita a tomar conciencia del círculo sagrado que envuelve la vida. En ese círculo de la cosecha puedes recoger momentos y experiencias olvidados, y reunirlos como si fueran uno. Si aprendes a ver el envejecimiento no como la muerte del cuerpo, sino como la cosecha del alma, comprobarás que puede ser una etapa de gran fuerza, seguridad y confianza. Cuando llegas a ver la cosecha de tu alma dentro del marco del ciclo estacional, sientes una serena alegría ante la llegada de esta época de tu vida. Esta percepción te da fuerzas y te permite advertir cómo te será revelada la comunión profunda del mundo de tu alma.

El cuerpo envejece, se debilita y enferma, pero el alma que lo rodea siempre lo protege con gran ternura. Es un gran consuelo saber que el cuerpo se halla dentro del alma. A medida que tu cuerpo envejece, puedes observar cómo tu alma lo sostiene y protege. Entonces, el pánico y el miedo que se suelen asociar con el envejecimiento se desvanecen. Adquieres una mayor sensación de fuerza, comunión y seguridad. Envejecer te asusta porque parece que tu autonomía e independencia te abandonan en contra de tu voluntad. Para los jóvenes, las personas mayores parecen ancianas. Cuando empiezas a envejecer, adquieres conciencia de la rápida marcha del tiempo. En realidad, la única diferencia entre una persona joven en la plenitud de su exuberancia y una muy vieja, frágil y físicamente consumida es el tiempo.

El tiempo es uno de los mayores misterios de la vida. Todo lo que nos sucede ocurre en y a través del tiempo. Es la fuerza que lleva cada experiencia a la puerta del corazón. El tiempo controla y determina todo lo que te sucede. El poeta Paul Murray describe el momento como «el lugar de peregrinaje al que peregrino».

El tiempo abre y expone el misterio del alma. Siempre me han fascinado la transitoriedad y los misterios desplegados por él. Esto lo expresé en mi poema *Cabaña*:

Estoy sentado con atención
detrás de la pequeña ventana
de mi mente y observo

el paso de los días, forasteros
que no tienen motivo para mirar dentro.

El tiempo, en este sentido, puede resultar aterrador. El cuerpo humano está rodeado de la Nada, que es el elemento aire. No existe una protección física visible alrededor de tu cuerpo; cualquier cosa puede acercarse a ti en cualquier momento y desde cualquier dirección. El aire no detendrá los dardos del destino que vienen a clavarse en tu vida. La existencia es increíblemente contingente e imprevisible.

La transitoriedad hace de toda experiencia un fantasma

Uno de los aspectos más desoladores del tiempo es la transitoriedad. El tiempo pasa y se lo lleva todo. Esto puede ser un consuelo cuando sufres y atraviesas por un mal momento. Te da fuerzas pensar que todo pasará. Lo contrario es igualmente cierto, cuando te diviertes y te sientes feliz, estás con la persona amada y la vida te parece inmejorable. Esa tarde o día perfecto, le dices en secreto a tu corazón: «Me gustaría que esto durara para siempre». Pero eso es imposible; todo tiene su fin. Incluso Fausto imploraba al momento que pasa: «Detente un poco, eres tan bello...».

La transitoriedad es la fuerza del tiempo que convierte toda experiencia en un fantasma. Nunca hubo un amanecer, por muy bello que fuese, que no diera lugar al mediodía. Nunca un mediodía dejó de avanzar hacia la tarde y ésta hacia la noche. Nunca existió un día que no fuera enterrado en el cementerio de la noche. Todo lo que nos sucede se convierte en fantasma por obra de la transitoriedad.

Nuestro tiempo se desvanece mientras lo vivimos. Éste es un hecho increíble. Estás entretejido con el día, dentro de él, te rodea como una piel. Se encuentra alrededor de tus ojos y dentro de tu mente. El día te mueve; a menudo te agobia o te eleva. Pero lo más asombroso es que el día se va. Cuando miras detrás de ti, no ves tu pasado detenido en una serie de formas diurnas. No puedes pasearte por la galería de tu pasado. Tus días se desvanecen, silenciosamente, para siempre, y tu futuro aún no ha llegado. El único terreno del tiempo es el presente.

Nuestra cultura hace un fuerte y digno énfasis en la importancia y el carácter sacro de la experiencia. En otras palabras, lo que piensas, crees o sientes seguirá siendo una fantasía si no se convierte en parte del tejido de la experiencia. Ésta es la piedra de toque de la verificación, la credibilidad y la intimidad profunda. Sin embargo, toda experiencia está condenada a desaparecer. Esto plantea una pregunta fascinante: ¿existe un lugar secreto donde nuestros días pasados se reúnan? Como preguntó el místico medieval: «¿A dónde va la luz cuando se apaga la vela?». Creo que existe un lugar secreto de reunión para los días desaparecidos. El nombre de ese lugar es memoria.

Memoria: donde se reúnen en secreto nuestros días desaparecidos

La memoria es una de las realidades más hermosas del alma. El cuerpo, tan atado a los sentidos visuales, a menudo no reconoce a la memoria como el lugar de reunión del pasado. La imagen más clara de la memoria es el árbol. Recuerdo haber visto, en el Museo de Ciencias Naturales de Londres, un corte transversal de una secuoya gigante de California. La memoria de aquel árbol se remontaba al siglo V. Los anillos estaban señalados por banderitas blancas que indicaban un suceso de la época de cada anillo. El primero era el viaje de san Columbano a Iona, en el siglo VI; después seguían el Renacimiento, los siglos XVII, XVIII y así hasta llegar al momento actual.

Una de las mayores miserias de nuestra cultura moderna de velocidad, estrés y superficialidad es la poca atención que prestamos a la memoria. La industria del ordenador ha secuestrado la noción de memoria. No es verdad que el ordenador posea memoria: únicamente tiene dispositivos de almacenamiento y recuperación. Por el contrario, la memoria humana es sutil, sagrada y personal. Posee su propia selectividad y profundidad. Es el templo interior de los sentimientos y la sensibilidad. En ese templo se agrupan diversas experiencias de acuerdo con sus sensaciones y forma particulares. Nuestra época padece una amnesia profunda. El filósofo norteamericano Jorge Santayana dijo: «Aquellos que no pueden recordar el pasado están condenados a repetirlo».

La belleza y la invitación de la vejez ofrecen un tiempo de silencio y soledad para poder visitar la casa de la memoria interior. Se puede volver a visitar todo el pasado. La memoria es el lugar donde reside el alma. Puesto que el tiempo lineal se desvanece, la memoria es poderosa. En otras palabras, nuestro tiempo se presenta en días de ayer, hoy y mañana. Sin embargo, hay otro lugar en nuestro interior que vive en un tiempo eterno: el alma. Ésta vive en la eternidad. Por ello, conforme las cosas suceden en tus días de ayer, hoy y mañana, y desaparecen con la transitoriedad, caen y son atrapadas en la red de lo eterno del alma. Ésta las reúne, conserva y cuida. A medida que tu cuerpo envejece y se debilita, tu alma se enriquece, se hace más profunda y se fortalece. Con el tiempo, tu alma se vuelve más segura de sí misma. La luz natural de su interior se intensifica. Hay un bello poema sobre la vejez, del genial Czeslaw Milosz, titulado *Una provincia nueva*. Ésta es la última parte:

Hubiera preferido poder decir: «Estoy saciado,
lo que me han dado a probar, lo he probado».
Pero soy como quien va a la ventana y corre la cortina
para observar una fiesta que no comprende.

TÍR NA N-ÓG: EL PAÍS DE LA JUVENTUD

La tradición celta poseía una maravillosa visión acerca de cómo el tiempo eterno se entrelaza con el tiempo humano.

Esta idea está presente en la bella historia de Oisín, que era miembro de los Fianna, la banda de guerreros celtas. Oisín cayó en la tentación de visitar la tierra de Tír na n-Óg, el país de la eterna juventud, donde vivía la buena gente, es decir, las hadas. Oisín se fue con ellos y durante mucho tiempo vivió feliz con su mujer, Niamh Cinn Oir, conocida como Niamh la del cabello dorado. Para Oisín, el tiempo, por ser de gran alegría, transcurría demasiado rápido. La calidad de una experiencia determina el ritmo del tiempo. Cuando se sufre, cada segundo se alarga hasta parecer una semana. Cuando se es feliz y se disfruta de la vida, el tiempo pasa volando. El de Oisín transcurría rápidamente en la tierra de Tír na n-Óg. Entonces, comenzó a añorar su antigua vida. Se preguntó cómo estarían los Fianna y qué estaría ocurriendo en Irlanda. Anhelaba volver a su patria, la tierra de Eire. Las hadas lo disuadían porque sabían que, como antiguo habitante del tiempo mortal y lineal, corría el peligro de perderse. Sin embargo, Oisín decidió regresar. Le entregaron un hermoso caballo blanco y le dijeron que no se bajara de él, porque, si lo hacía, se perdería. Montado en el gran caballo blanco, volvió a Irlanda. Como su ausencia había durado cientos de años, allí le aguardaba una gran soledad. Los Fianna habían desaparecido. Para consolarse, visitó las antiguas tierras de caza y los lugares donde habían festejado banquetes, cantado, contado viejas leyendas y realizado grandes hazañas. En ese tiempo, el cristianismo había llegado a Irlanda. Mientras cabalgaba a lomos de su caballo blanco, Oisín divisó a unos hombres que trataban vanamente de alzar una gran piedra para construir el muro de una iglesia. Él, como soldado que era, poseía una fuerza descomunal y quería ayudarles, pero sabía que bajarse del caballo supondría su perdición. Los miró de lejos y, poco a poco, se acercó. Finalmente, no pudo contenerse. Quitó un pie del estribo y lo puso bajo la piedra para alzarla, pero, en ese momento, la cincha se rompió y Oisín cayó al suelo. En el mismo instante de tocar la tierra irlandesa se convirtió en un débil anciano cubierto de arrugas. Esta bella historia muestra la coexistencia de dos niveles de tiempo. Quien cruzaba el umbral determinado por las hadas terminaba atrapado en el tiempo mortal y lineal. El punto de destino del tiempo humano es la muerte. El tiempo eterno es presencia ininterrumpida.

Tiempo eterno

La siguiente historia revela que el ritmo de la vida es diferente en el tiempo eterno. Una noche, un hombre de nuestra aldea regresaba a su hogar por un camino donde no había casas. Mientras iba en la bicicleta, oyó una bella melodía que provenía del interior de un muro cercano al mar. Saltó el muro y descubrió que, en ese lugar desolado, había una aldea. La gente parecía esperarlo y conocerlo. Lo recibieron con júbilo y le ofrecieron bebidas y comidas exquisitas. Aquella melodía era la más hermosa que había oído jamás. Pasó unas horas de gran felicidad. Entonces, recordó que si no regresaba a su casa, saldrían a buscarlo, y se despidió de los aldeanos.

Cuando llegó a su casa descubrió que se había ausentado durante quince días, aunque en el eterno mundo de las hadas le había parecido sólo media hora.

Mi padre solía contarme una historia muy similar acerca de un monje llamado Fénix. Un día, cuando leía su libro de oraciones en el monasterio, un pájaro empezó a cantar. El monje se concentró en el canto hasta el punto de perder conciencia de todo lo demás. Finalmente, cuando cesó el canto, el monje regresó al monasterio, pero descubrió que no reconocía a nadie. Ni sus compañeros a él. Fénix recordaba a los monjes con los que había convivido hasta media hora antes, pero todos habían desaparecido. Los monjes consultaron sus anales, que, efectivamente, registraban la misteriosa desaparición de Fénix muchos años antes. A nivel metafórico, la historia sostiene que el monje Fénix, a través de su presencia real, había penetrado en el tiempo eterno, cuyo ritmo es diferente del tiempo humano normal y fragmentario.

Los cuentos de hadas celtas muestran una región del alma que vive en el tiempo eterno. En nuestro interior hay una región eterna, inmune a los estragos del tiempo normal. Shakespeare habla de los estragos del tiempo eterno en su soneto 60:

Como las olas van hacia el pedregal de la orilla,
nuestros minutos se apresuran a su fin,
cada uno toma el lugar del que ha pasado
y en una sucesión de esfuerzo avanzan.

El alma como templo de la memoria

Las historias celtas sugieren que el tiempo como ritmo del alma tiene una dimensión eterna que lo reúne y vela por ello. Aquí nada se pierde. Es un gran consuelo pensar que los acontecimientos de tu vida no desaparecen. Nada se pierde ni se olvida, sino que todo se conserva dentro del alma en el templo de la memoria. Es por eso por lo que, en la vejez, puedes regresar feliz a los tiempos pasados, recorrer las diferentes salas de ese templo, visitar los días que disfrutaste, así como los tiempos difíciles en los que creaste y diste forma a tu yo. Ciertamente, la vejez, la cosecha de la vida, es un momento para reunir tus tiempos y los fragmentos de éstos. De ese modo, accedes a la unidad de ti mismo, y obtienes una fuerza, seguridad y arraigo que nunca tuviste cuando vivías tus días distraído y precipitado. La vejez es un tiempo de regreso a tu naturaleza profunda, de entrada en el templo de la memoria donde tus días desaparecidos están reunidos y te esperan en secreto.

La noción de la memoria era muy importante en la espiritualidad celta. Hay maravillosas plegarias para cada momento: para el hogar, para encender el fuego y para mantenerlo encendido. De noche, las brasas se cubrían con cenizas para protegerlas del aire. A la mañana siguiente, seguían vivas y encendidas. Hay una plegaria para encender el fuego de la chimenea que invoca a santa Brígida, diosa pagana celta y también santa cristiana. Brígida reúne los dos mundos de un modo fácil y natural. En la psique irlandesa, el mundo pagano y el cristiano no tienen conflictos, sino que se entrelazan de un modo armonioso. Ésta es una hermosa plegaria para encender el fuego que también reconoce la memoria:

Brígida de lo incandescente, rodéanos,
señora de los corderos, protégenos,
guardiana del hogar, enciéndenos,
reúnenos bajo tu manto
y devuélvenos a la memoria.
Madres de nuestra madre,
primeras madres fuertes,
llevadnos de la mano,
recordadnos cómo
se enciende el fuego,
para que brille,
para conservar la llama,
vuestras manos sobre las nuestras,
nuestras manos dentro de las vuestras,
para encender la luz,
día y noche.
El manto de Brígida a nuestro alrededor,
el recuerdo de Brígida dentro de nosotros,
la protección de Brígida nos libra
del daño, la ignorancia, la crueldad,
de día y de noche,
desde el alba hasta el ocaso,
desde el ocaso hasta el alba.

Esta plegaria es un magnífico reconocimiento del círculo de la memoria que reúne todo en hospitalaria unidad.

En un sentido positivo, el proceso de envejecer puede convertirse en una oportunidad para visitar el templo de tu memoria e integrar tu vida.

La integración es un paso vital en el regreso a ti mismo. Aquello que no se integra permanece fragmentado, y, en ocasiones, puede provocar un gran conflicto interior. Hay mucho que integrar dentro de cada persona. Camus dijo que, tras un día en el mundo, aunque uno pasara el resto de su vida incomunicado en una celda, no lograría descifrar todas las dimensiones de ese día. No somos conscientes de todo lo que nos sucede en el círculo de un solo día. Visitar el templo de la memoria no es un simple regreso al pasado; es despertar e integrar todo lo que nos sucede. Es parte del proceso de reflexión que otorga profundidad a la experiencia. Todos tenemos experiencias, pero, como dijo T. S. Eliot, las vivimos sin entender su significado. Cada corazón humano busca comprender el significado de sus experiencias, porque en él se halla el refugio más seguro. El significado es hermano de la experiencia. Descubrir el significado de algo que te ha sucedido es una de las formas esenciales de llegar a tu lugar de arraigo interior y encontrar la presencia protectora de tu alma. En la Biblia hay una sorprendente frase en boca del profeta Hageo: «Sembráis mucho y recogéis poco». En todo lo que te sucede se planta una semilla de experiencia. Poder cosechar esa experiencia es igualmente importante.

Autocomprensión y el arte de la cosecha interior

La vejez puede ser un momento maravilloso para desarrollar el arte de la cosecha interior. ¿Qué significa cosecha interior? Que comienzas a recoger los frutos de tu experiencia. Los agrupas, seleccionas e integras. La cosecha interior en las áreas abandonadas de tu vida resulta esencial. Estas zonas de abandono interior reclaman tu atención. Exigen que las coseches. Así podrán volver del falso exilio al que las condenó la negligencia, y entrarán en el templo del arraigo, el alma. Esto es sobre todo necesario con las situaciones que te han resultado difíciles en la vida, a las que ofreciste una gran resistencia. Tus heridas interiores piden ser sanadas. Puedes hacerlo de dos maneras. Una es la del análisis, que consiste en volver sobre la herida para reabrirla. Le quitas la piel protectora que la cubre y haces que vuelva a doler y sangrar. La terapia contrarresta gran parte del poder curativo. Pero tal vez existe un medio menos doloroso para hacerte cargo de tus heridas. El alma tiene sus tiempos naturales de curación; por consiguiente, muchas de tus heridas han curado bien y no debes volver a abrirlas. Si quieres, puedes hacer una lista y reabrirlas durante los próximos treinta años hasta convertirte en un Job, con el cuerpo cubierto de llagas. Si te empeñas en este ejercicio, transformarás tu alma en un amasijo de llagas purulentas. Cada uno posee una libertad maravillosa, pero pobre, en relación con su vida interior. Por eso debemos tratarnos a nosotros mismos con gran ternura.

La sabiduría de la presencia espiritual, del alma, nos señala que dejemos en paz ciertos aspectos de nuestra vida. Es el arte de la no intromisión espiritual. Sin embargo, otros aspectos de tu vida requieren tu atención; necesitan que tú, su protector, vayas a cosecharlos. En el templo de la memoria, puedes descubrir cuáles son y visitarlos con ternura y espíritu protector. Tu presencia creativa en estas áreas puede adoptar, entre otras formas, la de la comprensión. Hay personas que son comprensivas con los demás, pero demasiado severas consigo mismas. Una de las cualidades que puedes desarrollar, sobre todo a medida que envejeces, es la comprensión de ti mismo. Cuando visites las heridas en el templo de la memoria, en los lugares donde cometiste serios errores que te hagan sentir fuertes remordimientos, no seas implacable contigo. Es posible que algunos de esos errores te ayuden a madurar. En ese viaje espiritual, las equivocaciones suelen contarse entre los mejores momentos. Te llevaron a un lugar que, de otro modo, hubieras evitado. Debes regresar a tus errores y heridas con comprensión y ternura. Intenta recuperar el ritmo en que vivías en ese momento. Si visitas esta configuración de tu alma con perdón en el corazón, ella ocupará tu lugar. Cuando perdonas a tu yo, las heridas interiores empiezan a curarse. Pasas del exilio de la herida al gozo de la comunión interior. Este arte de la integración tiene un gran valor. Tu voz interior más profunda te señalará los lugares que debes visitar;

confía en ella. Esto no se debe abordar de manera cuantitativa, sino de un modo espiritual, con ternura. Si llevas esta luz bondadosa a tu alma y sus heridas, obtendrás una sanación interior insospechada. Las heridas se curarán si las cuidas con espíritu comprensivo.

PARA CONSERVAR ALGO HERMOSO EN TU CORAZÓN

El alma es el refugio que hay alrededor de tu vida. Si no has destrozado este refugio a lo largo de tu existencia, tu alma te envolverá y protegerá. Aplicar la luz de neón del análisis a tu alma y tu memoria puede ser perjudicial, sobre todo en la vulnerabilidad de tu vejez. Deja que tu alma sea natural. Desde esta perspectiva, la vejez puede ser un tiempo de vulnerabilidad. Son muchas las personas que se angustian y asustan al envejecer. Es en esos tiempos difíciles y vulnerables cuando más debes ocuparte de tu yo. Me encanta la frase de Blas Pascal: «En los tiempos difíciles, siempre debes conservar algo hermoso en tu corazón». Tal vez tenía razón el poeta al señalar que la belleza será nuestra salvación.

Es tu visión del futuro lo que da forma a éste. En otras palabras, las expectativas ayudan a crear el futuro. Muchos de nuestros problemas no son propiamente nuestros; más bien los atraemos con nuestra actitud pesimista. Una amiga mía de Cork tenía una anciana vecina llamada Mary, famosa por su actitud pesimista y negativa. Siempre estaba despotricando contra todo. Una hermosa mañana de mayo, un vecino se cruzó con ella. Brillaba el sol, las plantas estaban en flor y la naturaleza parecía bailar. El vecino dijo: «Hermoso día, ¿verdad, Mary?». Ella respondió: «Sí, sí, pero ¿y mañana?». No podía disfrutar de la belleza que la rodeaba porque temía que el día siguiente fuera malo. Los problemas no son meras constelaciones del alma y la conciencia; a menudo toman forma espiritual. Digamos que hay pequeños enjambres de desdichas revoloteando en el aire. Te ven triste y pesimista, y calculan que podrán alojarse en ti durante una semana, unos meses o, tal vez, un año. Si bajas tus defensas naturales, las desdichas pueden entrar y alojarse en diversas partes de tu mente. Cuanto más tiempo permites que permanezcan ahí, más difícil será expulsarlas. La sabiduría natural parece señalar que la vida se portará contigo tal como tú te portes con ella. Adoptar una actitud comprensiva y esperanzadora te aportará aquello que realmente necesitas.

La vejez es la etapa de la segunda inocencia. La primera inocencia, la del niño, está basada en la confianza ingenua y la ignorancia. La segunda llega después de haber vivido profundamente, cuando ya conoces la crudeza de la vida, su increíble poder para desilusionar y, en ocasiones, para destruir. Sin embargo, aunque tu realismo reconoce la potencialidad negativa de la vida, tu perspectiva sigue siendo sana, esperanzada y luminosa. Es maravilloso contemplar el rostro lleno de arrugas de una persona anciana, un rostro que ha vivido, y ver en sus ojos una bella luz. Es la luz de la inocencia, no como falta de experiencia, sino como confianza en lo bueno, lo verdadero, lo hermoso. Esa mirada en un rostro anciano es una bendición; te sientes bien y en plenitud con su compañía.

EL CAMPO LUMINOSO

Una de las actitudes negativas más perjudiciales respecto al propio pasado o a la memoria es la de arrepentirse. A menudo el arrepentimiento es falso y está fuera de lugar, pues imagina un pasado muy distinto de lo que realmente fue. La canción de Edith Piaf, *Je ne regrette ríen*, es muy hermosa por su libre y total aceptación del pasado.

Conozco una mujer que ha llevado una vida muy difícil. Ha sufrido mucho y a menudo las cosas le han ido mal, pero una vez me dijo: «No lamento nada. Es mi vida y en cada cosa negativa que me ha sucedido siempre he encontrado una luz oculta». Esa visión integradora le permite recuperar los tesoros ocultos de las dificultades del pasado. En ocasiones las dificultades son las mejores amigas del alma. Hay un hermoso poema del galés R. S. Thomas que habla de mirar hacia atrás y tener la sensación de haberse perdido algo importante o lamentar algo que nunca se hizo. Se titula *El campo luminoso*:

He visto la luz abrirse paso
para iluminar un pequeño campo
durante unos instantes, y he seguido mi camino
y lo he olvidado. Pero ésa era la perla
valiosa, el campo que escondía
el tesoro. Ahora me doy cuenta
de que debo dar todo lo que tengo
para poder poseerlo. La vida no es correr hacia
un futuro que se aleja ni añorar
un pasado imaginario. Fue echándose a un lado
como Moisés hizo el milagro
de la zarza ardiente. Hacia un brillo
que parece transitorio como tu juventud,
pero es la eternidad que te espera.

En el núcleo de este hermoso poema se halla la concepción celta del tiempo. Tu tiempo no es sólo pasado o futuro, sino que siempre habita el círculo de tu alma. Todo tu tiempo está reunido, y hasta tu futuro espera por ti. En cierto sentido, tu pasado no se ha ido, sino que está escondido en tu memoria. Es la semilla profunda de la eternidad que te espera para darte la bienvenida.

El corazón apasionado jamás envejece

A menudo, las personas ancianas irradian una suavidad conmovedora. La edad no depende del tiempo cronológico, sino que está relacionada con el temperamento. Conozco jóvenes de dieciocho y veinte años tan serios, circunspectos y sombríos que parecen tener noventa. Por el contrario, conozco algunos ancianos que tienen el corazón tan lleno de picardía, travesuras y diversión que su presencia está llena de destellos. Cuando estás con ellos, tienes una sensación de luminosidad, ligereza y alegría. En ocasiones ocurre que, desde un cuerpo muy anciano, te observa un alma increíblemente joven y vital. Resulta muy estimulante conocer a un anciano que sigue siendo fiel a su fuerza vital joven y salvaje. El Maestro Eckhart expresó esta idea de un modo más formal: «Hay un lugar en el alma que es eterno». El tiempo nos envejece, pero existe un lugar en el alma al que no puede acceder. Conocer esta verdad sobre uno mismo es maravilloso. A pesar de que el tiempo surcará tu rostro, debilitará tus miembros, te hará más lento y, finalmente, agotará tu vida, hay un lugar en tu espíritu al que no puede acercarse. Eres tan joven como te sientes. Si empiezas a sentir el calor de tu alma, habrá siempre un espíritu joven en ti que nadie podrá quitarte. Dicho de manera más formal, es un modo de habitar la parte eterna de tu vida. Sería muy triste que, en tu único viaje en la vida, te perdieras esta presencia eterna a tu alrededor y en tu interior.

En el joven existe una gran intensidad y deseo de aventura. Quiere hacerlo todo, lo quiere todo, ahora mismo. La juventud, generalmente, no es una etapa de reflexión. Por eso, Goethe dijo que, en general, es un derroche dar la juventud a los jóvenes. Uno va en todas las direcciones sin estar seguro de su camino. Tengo un vecino que tiene problemas de alcoholismo. La taberna más próxima está en otro pueblo. Si quisiera ir en autobús, tendría que ir primero a la aldea vecina, que queda en dirección opuesta. Una noche, mi hermano vio a este hombre en el camino y detuvo su coche para llevarlo. Pero el hombre no quiso: «Aunque camino hacia allá, voy en la otra dirección», le dijo. En el mundo moderno, muchas personas caminan en una dirección, pero su vida va en dirección opuesta. La vejez ofrece la oportunidad de integrar y agrupar las diversas direcciones en que uno ha viajado. Es un tiempo en el que podemos completar el círculo de la vida, despertar el anhelo y dar vida a nuevas posibilidades.

El fuego del anhelo

La sociedad moderna se basa en una ideología de la fuerza y la imagen. Por consiguiente, los viejos suelen quedar marginados. La cultura moderna está obsesionada por lo superficial, la imagen, la rapidez y el cambio; está impulsada por ellas. Antiguamente, los ancianos eran considerados personas de gran sabiduría, y eran tratados con veneración y respeto. El fuego del anhelo arde con fuerza en sus corazones. La noción de belleza se ha empobrecido porque la hemos limitado a un rostro bonito. Existe un culto a la juventud y todo el mundo trata de mantener un aspecto juvenil. Hay cirugías plásticas e infinitos métodos para mantener la imagen de juventud. En realidad, esto no es belleza. La verdadera belleza es una luz que proviene del alma. A menudo, en el rostro de un anciano ves esa luz detrás de las arrugas; es una visión de exquisita hermosura. Yeats habla de este anhelo y pasión en su maravillosa *Canción del errante Aengus*:

Me fui a la avellaneda
porque tenía un fuego en la cabeza;
corté y pelé una rama de avellano
y até una baya a un cordel.
Y cuando las polillas blancas volaron
y las diminutas estrellas comenzaron a parpadear,
tiré la baya a un arroyo
y pesqué una pequeña trucha de plata.
Cuando la tuve en el suelo,
comencé a preparar el fuego,
pero algo se movió en el suelo
y alguien me llamó por mi nombre.
Se había convertido en mujer brillante,
tenía flores de manzano en el cabello,
pronunció mi nombre, echó a correr
y se desvaneció en el aire radiante.
Aunque soy viejo, vagando
por tierras bajas y tierras montañosas,
averiguaré adónde ha ido,
besaré sus labios, le cogeré la mano;
caminaré entre las altas hierbas

y continuaré hasta que el tiempo se consuma,
las manzanas plateadas de la luna,
las manzanas doradas del sol.

Envejecer: invitación a una nueva soledad

La nueva soledad en tu vida puede hacer que la perspectiva de envejecer resulte aterradora. Una nueva serenidad se asienta sobre la estructura externa de tu vida activa, el trabajo realizado, la familia que has formado y el papel que has desempeñado. La vida se vuelve más tranquila y solitaria. Esto no tiene que resultar aterrador. Tu nueva calma y soledad, empleadas de manera creativa, pueden ser dones maravillosos, valiosos recursos. De nuevo, nuestro desasosiego nos lleva a pasar por alto los grandes tesoros de nuestra vida. En nuestra mente siempre estamos en otro sitio. Pocas veces nos encontramos en el lugar donde estamos y en el tiempo presente. Muchas personas se ven acosadas por el pasado, por las cosas que no llegaron a hacer y que debieron haber hecho. Se lamentan por todo lo que no han llevado a cabo. Son prisioneras del pasado. Otras se ven acosadas por el futuro; viven angustiadas y preocupadas por él.

Con tanto estrés y prisa, son pocos los que pueden habitar el tiempo presente. Una de las alegrías de la vejez es que se tiene más tiempo para estar en calma. Pascal dijo que muchos de nuestros problemas más serios radican en nuestra incapacidad para estar quietos en una habitación. No obstante, la quietud es vital para el mundo del alma. Si la adquieres a medida que envejeces, descubrirás que puede ser una gran compañera. Los fragmentos de tu vida tendrán el tiempo necesario para unirse, los lugares de tu alma protectora que están heridos o rotos podrán curarse. En esta calma podrás volver a tu yo y conversar con tu alma. Muchas personas se olvidan de sí mismas durante el viaje de su vida. Conocen a otras personas, lugares, habilidades y trabajos, pero lo trágico es que nunca llegan a conocerse a sí mismas. La vejez puede ser un bello momento para conocerse, quizá por vez primera. T. S. Eliot dijo que el fin de todas nuestras exploraciones será llegar al lugar de donde hemos partido y conocerlo por primera vez.

Desolación: la clave de la valentía

Cuando sabes demasiado bien quién eres, en realidad, te has convertido en un extraño para ti mismo. Conforme vas envejeciendo, tienes más tiempo para conocerte. Esta soledad puede tomar la forma de desolación a medida que van pasando los años. La desolación es muy penosa. Un amigo mío que vivía en Alemania me habló de su batalla contra la nostalgia. El temperamento, el orden, las estructuras y la superficialidad de los alemanes le resultaban muy penosos. Durante el invierno tuvo la gripe y, entonces, se sintió acosado por la soledad que hasta entonces había logrado reprimir. En su desolación, decidió dar rienda suelta a esos sentimientos en lugar de evitarlos. Se sentó en un sillón y se dio la libertad de sentirse solo. En cuanto tomó esta decisión, se sintió como el huérfano más abandonado del universo. Lloró sin poder contenerse. De alguna forma, lloró por toda la soledad que había reprimido en su vida. Sin embargo, la experiencia, aunque dolorosa, fue extraordinaria. Al romper los diques interiores, cambió su relación con la soledad. Nunca más volvió a sentirse solo en Alemania. Una vez liberado, aceptó su soledad, hizo las paces con ella y la convirtió en una parte natural de su vida. Una noche, en Connemara, conversé sobre la soledad con un amigo. Me dijo: «La soledad es un agujero negro, pero si lo cierras, también cierras muchas cosas que pueden ser buenas para ti». No debemos temer a la soledad. Si la aceptamos, puede ofrecernos una nueva libertad.

La sabiduría como elegancia y gracia

La sabiduría es otra cualidad de la vejez. En las antiguas sociedades, a los ancianos se los llamaba mayores por la sabiduría que habían acumulado con el paso del tiempo. Nuestra cultura está totalmente obsesionada con la información. En la actualidad, hay más información disponible que nunca. Tenemos muchos conocimientos sobre todas las cosas imaginables. Pero hay una gran diferencia entre la sabiduría y el conocimiento. Puedes saber muchas cosas, tener innumerables datos sobre diversas materias e, incluso, sobre ti mismo, pero sólo te conmueve aquello que comprendes profundamente. La sabiduría es una forma profunda de conocer. Es el arte de vivir en armonía con el ritmo de tu alma, tu vida y lo divino, la forma en que aprendes a descifrar lo desconocido; y éste es nuestro compañero más íntimo. La cultura celta y el antiguo mundo irlandés mostraban un gran respeto por la sabiduría. En esa sociedad predominantemente matriarcal la mayoría de estas personas sabias eran mujeres. Esta maravillosa tradición de la sabiduría celta continuó con el monacato irlandés. Mientras Europa vivía años de oscurantismo, los monjes irlandeses conservaban la memoria de la cultura. Crearon centros de enseñanza en toda Europa, volvieron a civilizar el continente y sus enseñanzas sirvieron de fundamento del maravilloso escolasticismo medieval.

Tradicionalmente, cada región de Irlanda tenía su propio sabio. En el condado de Clare había una mujer sabia llamada Biddy Early. En Galway había otra llamada Cailleach an Clochain, o anciana de Clifden, que poseía también esta sabiduría. Cuando alguien se sentía desconcertado o preocupado por su futuro, visitaba a un sabio. Con sus consejos, aprendía a enfrentarse a su destino, a vivir más profundamente y a protegerse del peligro y la destrucción. Generalmente, la sabiduría se asocia con el tiempo de la cosecha en la vida. Aquello que está desparramado carece de unidad; lo cosechado, por el contrario, alcanza la unidad y la comunión. Pues bien, la sabiduría es el arte de equilibrar lo conocido con lo desconocido, el sufrimiento con la alegría; es una manera de integrar la vida en una nueva unidad más profunda. Nuestra sociedad haría bien en prestar atención a la sabiduría de los ancianos, tenerlos en cuenta en el proceso de toma de decisiones. La sabiduría de los mayores nos permitiría elaborar una visión coherente del futuro. En definitiva, la sabiduría y la visión son hermanas; la creatividad, la crítica y la clarividencia de la visión emanan de la fuente de la sabiduría. Nuestros mayores son grandes tesoros de sabiduría.

La vejez y los tesoros del crepúsculo

La vejez es también el crepúsculo de la vida. En la costa occidental de Irlanda, los crepúsculos son hermosos, tienen una luz mágica. Muchos artistas acuden allí para trabajar con esa luz. El crepúsculo en el oeste del país es un momento de hermosos colores, que parecen tener la valentía de aflorar después de haber permanecido ocultos bajo la luz blanca del día; cada color tiene una gran profundidad. El día se despide con gran dignidad y belleza. Esa despedida se expresa en la magia de los colores hermosos. El ocaso da la bienvenida a la noche, y sus colores parecen penetrar en ella para hacerla habitable y soportable, un lugar de luz oculta. Del mismo modo, en la vejez, el crepúsculo de la vida, muchos tesoros que hasta el momento pasaron inadvertidos en tu vida se hacen visibles y están a tu disposición. Con frecuencia, sólo podemos contemplar los misterios del alma con la percepción crepuscular. Ésta se oculta de la luz de neón del análisis. La percepción crepuscular puede ser un umbral que invita al alma a dejar atrás su timidez para que podamos contemplar sus bellas alineaciones de anhelo y potencialidad.

Vejez y libertad

La vejez también puede ser un tiempo de hacer espacio, de despejar. La percepción necesita espacio. Las cosas que están demasiado cerca no se ven. Es por eso por lo que, con frecuencia, no valoramos a las personas más cercanas a nosotros. No podemos dar un paso atrás para contemplarlas con la veneración y el reconocimiento que merecen. Tampoco nos miramos a nosotros mismos porque estamos demasiado inmersos en el torrente de la existencia. En la vejez, cuando tu vida se serena, puedes tomar distancia para ver quién eres, qué te ha hecho la vida y qué hiciste tú de ella. La vejez es una etapa para despojarse de muchas falsas cargas que uno ha arrastrado durante años de duras pruebas. Algunas de las cargas más pesadas son las que uno mismo elige llevar. Aquellos que dedican años a fabricarse una carga pesada suelen decir: «Yo llevo mi cruz a cuestas; que Dios me ayude, espero que Dios me recompense por llevarla». Tonterías. Al ver a esas personas con cargas que ellas mismas crearon, Dios posiblemente piensa: «Necios, cómo pueden pensar que yo les reservé ese destino. Éste es el fruto del uso negativo de la libertad y las posibilidades que yo les di». Estas falsas cargas pueden caer en la vejez. Un modo de comenzar es preguntarse: ¿qué cargas he sobrellevado yo solo? Aunque algunas, seguramente, son reales, es probable que otras te las hayas creado tú mismo. Al deshacerte de ellas, te quitas un gran peso de encima. Experimentarás una gran ligereza y libertad interior. La libertad puede llegar a ser uno de los frutos más maravillosos de la vejez. Puedes reparar los daños que te infligiste anteriormente en tu vida. Esta suma de posibilidades se resume magníficamente en este pasaje del gran poeta mexicano Octavio Paz: «Con gran dificultad y avanzando a razón de un milímetro por año, tallo un camino en la piedra. Durante milenios he gastado mis dientes y roto mis uñas para llegar allí, al otro lado, a la luz y el aire libre. Y ahora que mis manos sangran y mis dientes tiemblan, inseguro en una cueva, doblegado por la sed y el polvo, me detengo a contemplar mi obra. He pasado la segunda parte de mi vida quebrando las piedras, taladrando los muros, derribando las puertas, quitando los obstáculos que coloqué entre la luz y yo en la primera parte de mi vida».

Bendición para la vejez

Que la luz de tu alma te cuide,
que tus preocupaciones y angustias acerca
del hecho de envejecer se transfiguren.
Que se te conceda sabiduría con el ojo de tu alma
para ver este bello tiempo de cosecha.
Que tengas la entrega necesaria para cosechar tu vida,
para curar aquello que te ha herido, para permitirle
que se acerque y se haga uno contigo.
Que tengas una gran dignidad y que sientas
lo libre que eres,
y, sobre todo, que se te conceda el maravilloso don
de conocer la luz eterna
y la belleza que hay en ti.
Que seas bendecido y que encuentres en ti
un gran amor por ti.

6

LA MUERTE: EL HORIZONTE ESTÁ EN EL POZO

EL COMPAÑERO DESCONOCIDO

Hay una presencia que recorre el camino de la vida contigo y jamás te abandona. Tanto si estás solo como acompañado, siempre permanece contigo. Cuando naciste, salió contigo del útero materno, pero con la emoción de tu llegada nadie lo advirtió. Aunque está a tu lado, tal vez no seas consciente de su compañía. Esta presencia es la muerte.

Nos equivocamos al pensar que la muerte sólo llega al final de la vida. Tu muerte física tan sólo es la culminación de un proceso iniciado por tu secreto acompañante en el momento en que naciste. Tu vida es la de tu cuerpo y tu alma, pero la muerte acompaña a ambos. ¿Cómo se manifiesta en nuestra experiencia cotidiana? Podemos verla con distintos disfraces en las áreas de nuestra vida donde somos vulnerables, débiles, negativos o estamos heridos. Uno de los rostros de la muerte es la negatividad. En cada ser humano, hay una herida de negatividad; es como una llaga en la vida. Puedes ser cruel y destructivo contigo mismo, incluso en las buenas etapas. Algunas personas viven momentos maravillosos en este preciso instante, pero no son conscientes de ello. Tal vez, después, en etapas duras o destructivas, recuerden esos tiempos y digan: «Era feliz entonces, pero desgraciadamente no me daba cuenta».

Las caras de la muerte en la vida cotidiana

Existe una fuerza de gravedad en nuestro interior que pesa sobre nosotros y nos aleja de la luz. El negativismo es una adicción a la sombra lúgubre que vive alrededor de cada forma humana. En la poética del crecimiento o de vida espiritual, la transfiguración de este negativismo es una tarea constante. El negativismo es la fuerza y la cara de tu propia muerte que carcome tu arraigo al mundo. Quiere transformarte en un forastero en tu propia vida; te condena al frío destierro, lejos de tu propio amor y calor. Pero si te ocupas de esta tendencia, puedes transfigurarla volviéndola hacia la luz de tu alma. Esta luz espiritual le resta gradualmente gravedad, peso y capacidad destructiva al negativismo. Poco a poco, lo que llamas tu lado negativo puede convertirse en una gran fuerza de renovación, creatividad y desarrollo. Todos debemos hacerlo. El sabio es aquel que sabe dónde reside su negativismo pero no se vuelve adicto a él. Detrás del tuyo se esconde una presencia mayor y más generosa.

Con la transfiguración, vas hacia la luz de esa presencia mayor. Al transfigurar los rostros de tu muerte te aseguras de que, al final de tu vida, la muerte física no acuda como un extraño a robarte esa vida que tenías. Reconocerás perfectamente su rostro. Al haber superado el miedo, tu muerte será un encuentro con un amigo de toda la vida proveniente de lo más profundo de tu propia naturaleza.

El miedo es otro de los rostros de la muerte, otra de sus expresiones en la vida cotidiana. Ningún alma está libre de esta sombra. El valiente es el que puede identificar sus miedos y aprovecharlos como fuerza de creatividad y desarrollo. Existen diferentes grados de miedo en nuestro interior. Uno de sus aspectos más poderosos es su asombrosa habilidad para falsificar las realidades de tu vida. No conozco otra fuerza que sea capaz de destruir la felicidad y la tranquilidad de la vida con tanta rapidez. Puede hacer que tu alma se vuelva irreal y destruir tus vínculos de arraigo.

Hay diversos grados de miedo. Muchas personas se sienten aterradas ante la idea de perder el control y utilizan ese miedo como mecanismo para estructurar su vida. Quieren controlar todo lo que sucede a su alrededor y a ellos mismos. Pero un exceso de control es destructivo. Supone quedarse atrapado en un tejido protector que uno mismo construye en torno a su vida. De ese modo, podemos quedar al margen de las muchas bendiciones que nos están destinadas. El control únicamente debe ser parcial y transitorio. En momentos de dolor, y sobre todo en el momento de la muerte, tal vez no puedas mantener este control. La vida mística siempre ha reconocido que es necesario cierto distanciamiento del yo para llegar a la presencia divina en el interior de uno mismo. Cuando dejes de controlar, te asombrará descubrir hasta qué punto se enriquece tu vida. Lo falso, aquello a lo que te habías aferrado, se aleja rápidamente. Lo verdadero, lo que amas profundamente, lo que es realmente tuyo, penetra en tu interior. Ya nadie podrá quitártelo.

La muerte como raíz del miedo

Algunas personas temen ser ellas mismas. Muchas permiten que ese miedo limite sus vidas. Fingen constantemente, se forjan con cuidado una personalidad que creen que el mundo aceptará o apreciará. Incluso en la soledad, temen al encuentro consigo mismas. Sin embargo, uno de los deberes más sagrados del propio destino es el de ser uno mismo. Cuando aprendes a aceptarte y amarte, dejas de temer a tu propia naturaleza. En ese momento, entras en armonía con el ritmo de tu alma y te detienes en tu propio terreno. Te sientes seguro y firme. Estás en equilibrio. Agotarás tu vida en vano si caes en la política de forjarte una máscara acorde con las expectativas ajenas. La vida es muy breve y un destino especial nos aguarda para desarrollarse. En ocasiones, el miedo a ser nosotros mismos nos aparta de ese destino y terminamos hambrientos y empobrecidos, víctimas de la escasez que hemos provocado.

El mejor relato que conozco sobre el miedo es un cuento de la India que trata de un hombre condenado a pasar la noche en una celda con una serpiente venenosa. Al menor movimiento, ésta podría matarlo. Durante toda la noche, el hombre permaneció de pie, inmóvil en un rincón, temeroso de que hasta su respiración pudiera incitar a la serpiente. Con los primeros rayos del amanecer, vio que el reptil estaba en el rincón opuesto de la celda y sintió un gran alivio porque no la había despertado. Pero cuando la luz entró totalmente en la celda, se dio cuenta de que no era una serpiente, sino una cuerda. La moraleja es que, en muchas partes de nuestra mente, hay objetos inofensivos como la cuerda, pero nuestra ansiedad los convierte en monstruos que nos dominan y aprisionan en una limitada celda de nuestra vida.

Transfigurar el miedo es una forma de transfigurar el poder y la presencia de la muerte. Cada vez que siento angustia o miedo, me resulta útil preguntarme cuál es la razón de mi temor. Es una pregunta liberadora. El miedo es como la niebla; se extiende y distorsiona la forma de todo. Pero cuando lo circunscribes con esa pregunta, se reduce a proporciones manejables. Al descubrir qué te asusta, recuperas el poder que habías otorgado al miedo. Al mismo tiempo, lo alejas de la noche de lo ignoto, que le da vida. El miedo crece con el anonimato, evita los nombres. Si le pones un nombre, se encoge.

La muerte es la raíz de todos los miedos. En la vida, siempre hay una época en la que uno siente terror de morir. Vivimos en el tiempo, y éste es fugaz. Nadie puede decir con certeza qué le sucederá esta noche, mañana o la semana siguiente. El tiempo puede llevar cualquier cosa a la puerta de tu vida. Uno de los aspectos más terroríficos de la vida es precisamente su imprevisibilidad. Cualquier acontecimiento puede sucederte. Ahora mismo, mientras lees estas líneas, hay personas en el mundo que están sufriendo la irrupción brutal de lo inesperado. Les están sucediendo cosas que alterarán su vida para siempre. El nido de su arraigo se destruirá, su vida no volverá a ser la misma. Alguien recibe una mala noticia en el consultorio del médico; alguien sufre un accidente de tráfico y jamás volverá a caminar; alguien es abandonado por su amante, que jamás regresará a su lado. Al contemplar el futuro de nuestra vida, no podemos prever lo que ocurrirá. No podemos tener certezas. Sin embargo, sí hay una certeza: llegará un día, por la mañana, la tarde o la noche, en que serás llamado para abandonar este mundo y tendrás que morir. Aunque esto es seguro, la naturaleza del hecho es totalmente contingente. En otras palabras, no sabes dónde, ni cómo, ni cuándo morirás, ni quién estará contigo, ni qué sentirás. Estos hechos sobre la naturaleza de tu muerte, el suceso más decisivo de tu vida, son totalmente oscuros.

A pesar de que la muerte es la experiencia más poderosa de la vida, nuestra cultura hace un enorme esfuerzo por negar su presencia. En cierto sentido, los medios de comunicación y la publicidad tratan de crear un culto a la inmortalidad; apenas se reconoce el ritmo de la muerte en la vida. Como ha dicho Emmanuel Levinas: «Mi muerte llega en un momento sobre el que no tengo ningún poder».

La muerte en la tradición celta

La tradición celta poseía una refinada concepción del milagro de la muerte. Existían hermosas plegarias sobre ella. Para los celtas, el mundo eterno estaba tan cerca del mundo natural que la muerte no se consideraba un suceso excepcionalmente destructivo o amenazador. Al entrar en el mundo eterno, se alcanza un lugar donde las sombras, el dolor y las tinieblas jamás vuelven a tocarte. Una bella plegaria celta dice:

Voy a casa contigo, a tu casa, a tu casa,
voy a casa contigo, a tu casa de invierno.
Voy a casa contigo, a tu casa, a tu casa,
voy a casa contigo, a tu casa de otoño,
de primavera y de verano.
Voy a casa contigo, hijo de mi amor,
a tu cama eterna, a tu sueño eterno.

En esta plegaria, el mundo natural y las estaciones están bellamente enlazados con la presencia de la vida eterna.

En Connemara la gente dice: «Jamás entenderás a la muerte hasta que llame a tu puerta». También dicen: «La muerte es un individuo muy directo que no se hace anunciar» y «No hay lugar donde ocultarse de la muerte». Esto último significa que, cuando la muerte te busca, siempre sabrá dónde encontrarte.

Cuando la muerte llega...

La muerte es un visitante solitario. Una vez que visita tu hogar, nada vuelve a ser igual. Queda un lugar vacío en la mesa, hay una ausencia en la casa. La muerte de un ser querido es una experiencia extraña y desoladora. Algo se rompe en tu interior y los fragmentos no volverán a unirse. Un ser querido, cuya cara, manos y cuerpo conocías tan bien, se ha marchado. Por primera vez, su cuerpo queda totalmente vacío. Esto es aterrador y extraño. Tras la muerte de un ser amado, acuden a tu mente muchas preguntas: dónde ha ido, qué ve, qué siente... Esta muerte trae una amarga soledad. Cuando amas de verdad a alguien, quisieras morir en su lugar. Pero, cuando llega el momento, nadie puede ocupar el lugar del otro. Debemos afrontarlo solos. Lo extraño de la muerte es que alguien desaparece. La experiencia humana abarca todo tipo de continuidades y discontinuidades, de acercamientos y distanciamientos. En la muerte se alcanza la última frontera de las experiencias. El fallecido desaparece del mundo visible de la forma y la presencia. Al nacer, vienes de ninguna parte; al morir, te vas a ninguna parte. Si discutes con la persona amada y ésta se va, si estás desesperado por volver a encontrarla, recorrerás cualquier distancia con tal de volver a verla. El momento de dolor más insoportable es cuando te das cuenta de que nunca volverás a ver a la persona que ha muerto. La ausencia de su vida, la ausencia de su voz, de su rostro y presencia se convierte en algo que, como dice Sylvia Plath, comienza a crecer a tu lado como un árbol.

CAOINEADH: EL DUELO EN LA TRADICIÓN IRLANDESA

Uno de los aspectos más hermosos de la tradición irlandesa es la gran hospitalidad con que recibe la muerte. Cuando un vecino muere, todos acuden al funeral. En primer lugar, todos visitan su casa para ofrecer sus condolencias a los familiares. Los vecinos se reúnen para ofrecer su apoyo a la familia y ayudarla. Éste es un bello regalo. En momentos de gran desesperación y soledad, se necesita la ayuda de los allegados para superar ese tiempo de fragmentación. En Irlanda, existía una tradición llamada *Caoineadh*. Eran personas, generalmente mujeres, que lloraban al muerto con un lamento agudo, penetrante y muy triste. En el *Caoineadh* se hablaba de la vida de la persona tal como la habían conocido esas mujeres. Esta triste liturgia, acompañada de bellas historias, ocupaba el lugar de quien acababa de ausentarse del mundo. Se hablaba de los sucesos más importantes de su vida. Sin duda, era de una tristeza desgarradora, pero creaba un espacio ritual para acoger el duelo y la tristeza de la familia que había sufrido la pérdida. El *Caoineadh* ayudaba a las personas a permitir que los sentimientos de tristeza y dolor los embargaran de manera natural.

En Irlanda tenemos la tradición del velatorio, que garantiza que el fallecido no esté solo la noche después de su muerte. Los vecinos, familiares y amigos acompañan al difunto durante sus primeras horas de transición a la eternidad. Se ofrece bebidas alcohólicas y tabaco. Y una vez más, la conversación de los amigos crea un tejido con los recuerdos de los acontecimientos de la vida de la persona.

El alma que besó el cuerpo

La culminación de la muerte lleva su tiempo. En algunas personas es muy rápida, pero el modo en que el alma abandona el cuerpo es diferente en cada individuo. En algunos casos, el proceso puede llegar a durar varios días. En la región de Munster, hay una bella historia que habla de un hombre que murió. El alma de aquel hombre salió del cuerpo y se dirigió a la puerta de la casa para iniciar su viaje de regreso al lugar eterno. Pero se volvió para mirar una vez más el cuerpo vacío y se quedó un rato en la puerta. Después, se acercó, lo besó y le habló. El alma agradeció al cuerpo la hospitalidad que le había dado en vida y recordó las muchas atenciones que había tenido con ella.

La tradición celta sostiene que los muertos no se alejan. En Irlanda hay lugares, como prados y ruinas, donde se han visto fantasmas de distintas personas. La memoria popular celta reconoce que una persona permanece apegada al lugar donde vivió, aun después de pasar a la forma invisible. Una leyenda habla del *coiste bodhar*, el carro sordo. Mi tía, que durante su juventud vivió en una aldea situada en la falda de una montaña, oyó una noche ese carro. La aldea donde vivía era pequeña y todas las casas estaban apiñadas. Una noche, cuando mi tía estaba sola en su hogar, oyó un estruendo como de barriles que rodaban por el suelo. El coche fantasmal pasó por delante de su casa y tomó un sendero de la montaña. Todos los perros de la aldea oyeron el ruido y lo siguieron. Esta anécdota sugiere que el mundo invisible tiene caminos secretos por donde van los cortejos fúnebres.

La Bean Sí

Otra leyenda de la tradición irlandesa es la de la *Bean Sí*. *Sí* significa genio del bosque y *Bean Sí,* genio de sexo femenino, es decir, hada. La *Bean Sí* es un espíritu que llora cuando alguien está a punto de morir. Una noche, mi padre oyó su llanto, y, dos días después, murió un vecino, miembro de una familia por la que siempre lloraba la *Bean Sí*. La tradición celta irlandesa asegura que el mundo eterno y el temporal están entrelazados, y, en el momento de la muerte, los habitantes del mundo eterno suelen pasar al mundo visible. La agonía de una persona puede prolongarse durante horas o días, pero, en el momento anterior a la muerte, suele aparecérsele su madre, su abuela, su abuelo, algún pariente, su cónyuge o alguna amistad. Cuando la persona está al borde de la muerte, el velo entre los dos mundos es muy débil. A veces, incluso se desvanece y, entonces, se puede vislumbrar el mundo eterno. Los seres queridos que ya viven en él van a tu encuentro para llevarte a casa. Los moribundos reciben mucha fuerza y aliento al verlos. Esta elevada percepción demuestra la gran energía que rodea al momento de la muerte. La tradición irlandesa acoge las potencialidades del momento. Cuando una persona muere, se rocía su cuerpo con agua bendita y se traza un círculo a su alrededor para mantener alejadas las fuerzas tenebrosas y asegurar la presencia de la luz en su viaje final.

En ocasiones, las personas se angustian ante la idea de la muerte. No hay nada que temer. Cuando llegue el momento, recibirás todo lo que necesitas para hacer ese viaje de manera digna, elegante y confiada.

Una muerte bella

En cierta ocasión, presencié la muerte de una amiga. Era una joven maravillosa, madre de dos niños. El sacerdote que la asistía era también un amigo que conocía su alma y su espíritu. Al tomar conciencia de que moriría esa noche, la mujer se asustó. Él le cogió la mano y rezó desesperadamente para recibir las palabras que le permitieran construir un puente para el viaje. Como profundo conocedor de su vida, empezó a hablar de sus recuerdos. Habló de su bondad y belleza. Era una mujer que nunca había hecho daño a nadie y ayudaba a todos. El sacerdote recordó los momentos más importantes de su vida y le dijo que no debía tener miedo. Se iba a casa, donde la esperaban. Dios, que la había llamado, la abrazaría y la recibiría con ternura y amor. Podía estar plenamente segura de ello. Poco a poco, la inundó una gran serenidad y placidez. Su pánico se transformó en una calma como pocas veces he visto. La angustia y el miedo desaparecieron por completo. Estaba en armonía con su ritmo, totalmente serena. Al sacerdote le dijo que debía realizar el acto más difícil de su vida: despedirse de su familia. Era un momento de gran tristeza.

El cura salió de la habitación y reunió a los familiares. Les dijo que cada uno podía entrar y quedarse unos cinco o diez minutos. Tenían que hablar con ella, decirle cuánto la amaban y la apreciaban. Nadie debía llorar ni apenarla. Ya llegaría el momento de llorar, pero por ahora debían centrarse en facilitarle el tránsito. Uno a uno, entraron, le hablaron, la consolaron y la bendijeron. Todos salieron de la habitación destrozados, pero le entregaron reconocimiento y amor, los mejores regalos para su viaje. Ella misma se hallaba maravillosamente bien. El sacerdote la ungió con los óleos sagrados y todos rezamos. Sonriente y serena, inició con toda felicidad ese viaje que debía hacer sola. Para mí, fue un gran privilegio estar allí presente. Por primera vez se transfiguró mi propio miedo a morir. Descubrí que, si uno vive en este mundo con bondad, si no aumenta las cargas ajenas y trata de servir con amor, cuando llegue el momento del último viaje recibirá una paz, una calma y una liberación que le permitirán partir hacia el otro mundo con elegancia, gracia y resignación.

Es un gran privilegio acompañar a quien viaja al mundo eterno. Cuando estás presente en el sacramento de la muerte, debes ser muy consciente de la situación. En otras palabras, no has de pensar en tu propia pena. Más bien debes hacer un esfuerzo por estar presente para la persona que está a punto de partir. Es necesario hacer todo lo posible para facilitarle la transición, con el objetivo de que esté cómoda y serena.

Me gusta la tradición irlandesa del velatorio. Este ritual ofrece al alma el tiempo necesario para despedirse. El alma no abandona el cuerpo bruscamente; la despedida es lenta. Observarás cómo cambia el cuerpo en las primeras fases de la muerte. Durante un tiempo, la persona no abandona realmente la vida y es importante no dejarla sola. Las casas de velatorios son lugares fríos y asépticos. Es conveniente, siempre que sea posible, que el muerto esté en un lugar conocido, para que realice su transición de forma cómoda, serena y confiada. Las primeras semanas después de la muerte, hay que cuidar y proteger el alma y la memoria de la persona, rezar mucho para ayudarle en su viaje a casa. La muerte es un tránsito a lo desconocido para el que se necesita mucha protección.

La vida moderna margina la muerte. Los funerales y entierros suelen ser fastuosos, pero todo eso es externo y superficial. La sociedad de consumo ha perdido el significado de la ceremonia y la sabiduría necesarias para llevar a cabo el ritual de la transición. Durante el viaje de la muerte, la persona necesita muchos cuidados.

LOS MUERTOS SON NUESTROS VECINOS MÁS PRÓXIMOS

Los muertos no están lejos, sino muy cerca. Cada uno de nosotros, algún día, tendrá que enfrentarse a su cita con la muerte. Me gusta pensar en ella como un encuentro con lo más profundo de mi naturaleza, con lo más oculto del yo. Es un viaje hacia nuevos horizontes. Cuando era niño y miraba una montaña, soñaba con el día en que tendría la edad suficiente para ir hasta la cumbre con mi tío. Pensaba que, desde el horizonte, podría ver el mundo entero. Cuando llegó el gran día, estaba muy emocionado. Mi tío iba a llevar su rebaño de ovejas a la montaña y me dijo que podía acompañarlo. Cuando llegamos al lugar donde yo creía que encontraría el horizonte, éste había desaparecido. No sólo no lo veía todo, sino que había otro horizonte más adelante. Aunque estaba decepcionado, sentía una extraña emoción. Con cada nuevo ascenso se me revelaba un mundo hasta entonces desconocido. El magnífico filósofo alemán Hans Georg Gadamer dijo en una bella frase: «Un horizonte es algo hacia lo cual viajamos, pero también es algo que viaja con nosotros». Esta metáfora permite comprender los horizontes del propio desarrollo. Si quieres estar a la altura de tu destino y ser digno de las potencialidades que se ocultan en la arcilla de tu corazón, debes buscar nuevos horizontes sin descanso. Más allá, te aguarda el pozo más profundo de tu identidad, en el cual podrás contemplar la belleza y la luz de tu rostro eterno.

El ego y el alma

En la guerra contra ese acompañante silencioso y secreto, la muerte, la batalla crucial es la que libran el ego y el alma. El ego es la coraza defensiva con la que rodeamos nuestra vida; es temeroso, aprensivo y codicioso, ultraprotector y competitivo. Por el contrario, el alma no conoce barreras. El gran filósofo griego Heráclito afirmó: «El alma no tiene límites». Es un peregrino que viaja en busca de horizontes ilimitados. No tiene zonas de exclusión; todo lo impregna. Además, el alma está en contacto con la dimensión eterna del tiempo y nunca teme lo que está por venir. En cierto sentido, los encuentros con tu propia muerte bajo las formas de fracaso, patetismo, negativismo, miedo o destructividad son oportunidades para transfigurar el ego. Te invitan a deshacerte de esa forma de ser protectora y controladora, y a practicar un arte del ser que admite la franqueza y la generosidad. Cuando practicas este arte entras en armonía con el ritmo de tu alma. Si es así, el encuentro final con la muerte no tiene por qué ser amenazador o destructivo. Será un encuentro con tu propia identidad más profunda, es decir, tu alma.

Por consiguiente, la muerte física no es el acercamiento de un monstruo oscuro y destructivo que interrumpe tu vida y te arrastra hacia lo desconocido. Detrás del rostro de tu muerte física, se esconden la imagen y la presencia de tu yo más profundo, que esperan encontrarte y abrazarte. En lo más recóndito de ti, deseas conocer tu alma. Durante toda nuestra vida nos esforzamos por alcanzarnos a nosotros mismos. Estamos tan atareados, ocupados y distraídos que no podemos dedicar el tiempo suficiente a lo más profundo de nuestro ser. Tratamos de vernos y conocernos, pero nuestra complejidad interior es tan insondable y el corazón humano tiene tantas capas que rara vez nos encontramos a nosotros mismos. El filósofo Husserl ha dicho cosas muy acertadas al respecto. Habla de la *Ur-Prasenz*, la «protopresencia» o presencia prístina de un objeto o persona. En nuestra experiencia diaria, apenas podemos atisbar la plenitud de esa presencia en nosotros; nunca la vemos cara a cara. En el momento de la muerte, caen todas las barreras defensivas que nos separan y excluyen de nuestra presencia. Entonces, el alma nos recoge plenamente en su abrazo. Por eso la muerte no tiene que ser necesariamente negativa o destructiva. Puede ser un suceso increíblemente creativo que te permite abrazar la divinidad que vive oculta en ti desde siempre.

La muerte como invitación a la libertad

Si lo meditas un poco, no debes permitir que la vida te presione. No has de entregar tu poder a un sistema ni a terceros, sino mantener en tu interior la seguridad, el equilibrio y el poder de tu alma. Puesto que nadie puede librarte de la muerte, nadie tiene un poder definitivo sobre ti. Todo tipo de poder es pretensión. Nadie es capaz de evitar la muerte. Por eso, nadie en el mundo puede convencerte de que posee dominio sobre ti, ya que no tiene ni el más mínimo poder para alejar la muerte de ti. En cambio, tú tienes el poder de transfigurar tu miedo a la muerte. Si aprendes a no temerla, descubrirás que no debes temer nada.

Vislumbrar el rostro de tu muerte puede dar gran libertad a tu vida. Puede hacer que tomes conciencia de que estás apremiado por el tiempo que tienes aquí. El derroche del tiempo es una de las mayores pérdidas que hay en la vida. Como dice Patrick Kavanagh, mucha gente «se prepara para la vida en lugar de vivirla». Tienes una sola oportunidad, un solo viaje por la vida; no puedes repetir un instante ni retroceder un paso. Estamos hechos para habitar y vivir todo lo que viene a nuestro encuentro. En la otra cara de la vida, está la muerte. Si vives plenamente, la muerte nunca tendrá poder sobre ti. Nunca la verás como un suceso destructivo o negativo. Puede convertirse en una liberación para que puedas acceder a los tesoros más ocultos de tu naturaleza, al templo de tu alma. Si eres capaz de deshacerte de las cosas, aprenderás a morir espiritualmente de distintas maneras a lo largo de tu existencia. Cuando aprendes a ser desprendido, tu vida gana en generosidad, abertura y aliento. Imagina que eso se multiplica por mil en el momento de tu muerte. Esa liberación puede llevarte a un arraigo divino totalmente nuevo.

La Nada: una cara de la muerte

Todo lo que hacemos en el mundo está limitado por la Nada. Esta Nada es una de las formas en que la muerte hace su aparición; es uno de sus rostros. La esencia de la vida del alma es la transfiguración de la Nada. En cierto sentido, no puede surgir nada nuevo si no hay espacio para ello. Ese espacio vacío es lo que llamamos la Nada. El gran psiquiatra escocés R. D. Laing solía decir: «No hay Nada que temer». Esto no sólo significa que no hay necesidad de tener miedo, sino que no se debe temer la Nada, es decir, que ella nos rodea. Como vacilamos en este terreno, no valoramos el vacío y la Nada, los cuales, desde una perspectiva espiritual, pueden considerarse presencias de lo eterno. Dicho de otra manera, lo eterno llega a nosotros principalmente en términos de Nada y vacío. Donde no hay espacio, no se puede despertar lo eterno ni el alma. Esta idea se resume en el siguiente poema del escocés Norman MacCaig:

Dones

Te doy un vacío,
te doy una plenitud,
desenvuélvelos con cuidado
—uno es tan frágil como el otro—
y cuando me des las gracias
fingiré no advertir la duda en tu voz
cuando digas que eran lo que querías.
Déjalos en la mesa que tienes junto a la cama.
Cuando despiertes por la mañana
habrán penetrado en tu cabeza
por la puerta del sueño.
Dondequiera que vayas irán contigo y
dondequiera que estés te maravillarás
sonriente de la plenitud
a la que nada puedes sumar
y el vacío que puedes llenar.

Este hermoso poema sugiere el ritmo dual del vacío y la plenitud en el corazón de la vida del alma. La Nada es la hermana de la posibilidad. Crea un espacio urgente para lo nuevo, sorprendente e inesperado. Cuando sientas que la Nada y el vacío te corroen, no desesperes. Es una llamada de tu alma advirtiéndote sobre nuevas posibilidades en tu vida. También es una señal de que tu alma anhela transfigurar la Nada de tu muerte en la plenitud de una vida eterna que ninguna muerte puede tocar.

La muerte no es el fin; es un renacimiento. Nuestra presencia en el mundo es muy conmovedora. La estrecha franja de claridad que llamamos «vida» se extiende entre las tinieblas de lo desconocido por ambos extremos. La oscuridad de lo ignoto está en nuestro origen. Irrumpimos repentinamente de lo desconocido, y de esta forma comenzó la franja de claridad que llamamos «vida». Luego, está la otra oscuridad cuando volvemos a lo desconocido. Samuel Beckett es un genial autor que ha meditado profundamente sobre el misterio de la muerte. Su obra *Aliento* dura sólo unos minutos. Primero se oye el llanto al nacer, después la respiración y, finalmente, el suspiro de la muerte. Este drama es un resumen de lo que sucede en nuestra vida. Todas las obras teatrales de Beckett, en particular *Esperando a Godot*, tratan sobre la muerte. En otras palabras, puesto que la muerte existe, el tiempo se relativiza drásticamente. Lo único que hacemos es inventar juegos para pasar el tiempo.

Espera y ausencia

Un amigo mío me contó la siguiente anécdota sobre un vecino. Los alumnos de la escuela local iban a la ciudad a ver *Esperando a Godot*, y el hombre fue con ellos en el autobús. Su idea era encontrarse en la ciudad con sus compañeros de juerga. En cuanto llegaron al teatro, el hombre fue a dos o tres bares donde esperaba encontrar a sus amigos, pero no estaban allí. Finalmente, como no tenía dinero, terminó por ir a ver *Esperando a Godot*. Así la describió a mi amigo: «Es la obra más extraña que he visto en mi vida; al parecer, el actor que hacía de protagonista no se presentó y los demás actores tuvieron que improvisar durante toda la función».

Me pareció un buen análisis de *Esperando a Godot*. Creo que a Samuel Beckett le hubiera encantado esa crítica. En cierto sentido, siempre estamos a la espera del gran momento de la cosecha o el arraigo, y éste siempre nos elude. Una sensación profunda de ausencia nos persigue, sentimos que falta algo en nuestras vidas. Esperamos que cierta persona, objeto o proyecto llene ese vacío. Nos afanamos por llenarlo, pero el alma nos dice, si la escuchamos, que nunca se puede colmar la ausencia.

La muerte es la gran herida del universo y de cada vida. Sin embargo, paradójicamente, se trata de la misma herida que puede conducir a un nuevo desarrollo espiritual. Meditar sobre tu muerte puede ayudarte a transformar de un modo drástico tu percepción habitual y cotidiana. En lugar de vivir según aquello que se puede ver o poseer en el reino material, empiezas a agudizar tu sensibilidad y adquieres conciencia de los tesoros ocultos en el lado invisible de tu vida. La persona verdaderamente espiritual desarrolla un profundo sentido de su naturaleza invisible. Ésta posee cualidades y tesoros que el tiempo no puede dañar. Son absolutamente tuyos. No necesitas aferrarte a ellos, ganarlos ni protegerlos. Estos tesoros son tuyos y nadie puede quitártelos.

El nacimiento como muerte

Imagínate que pudieras hablar con un feto en el útero y explicarle su unidad con la madre. Cómo ese cordón de unión le da vida. Y decirle, a continuación, que esa situación está a punto de terminar. Que va a ser expulsado del útero para atravesar un pasadizo muy estrecho y, finalmente, caer en un vacío luminoso. Que después, el cordón que lo une al útero materno va a ser cortado, y, a partir de entonces y para siempre, llevará una vida propia. Si el feto pudiera responder, sin duda diría que va a morir. Para él, nacer sería una forma de muerte. Nuestra dificultad para entender estos problemas tan importantes radica en que los vemos desde un solo lado. Nadie ha tenido esa experiencia. Los muertos permanecen alejados; jamás vuelven. Es por eso por lo que no podemos ver el otro lado del círculo abierto por la muerte. Wittgenstein lo resumió muy bien al expresar que «la muerte no es una experiencia de la propia vida». No puede serlo porque es el fin de la vida en la que uno tuvo todas sus experiencias.

Me gusta pensar en la muerte como en un renacimiento. El alma es libre en un mundo donde ya no hay separación, sombras ni lágrimas. Una amiga mía sufrió la muerte de su hijo de veintiséis años. Yo asistí al entierro. Sus demás hijos la rodeaban cuando el ataúd bajó a la fosa, y se alzó un coro desgarrador de lamentos. Ella los abrazó y les dijo: «No lloréis porque aquí ya no queda nada de él, únicamente la envoltura que lo cubría en esta vida». Ésta es una bella idea, un reconocimiento de que el cuerpo era sólo una envoltura y el alma ha sido liberada para lo eterno.

LA MUERTE TRANSFIGURA NUESTRA SEPARACIÓN

En Connemara, las tumbas están cerca del mar, donde gran parte del suelo es arenoso. Al cavar una tumba, se corta una sección de césped que se aparta con cuidado, sin dañarla. Se coloca el ataúd en la fosa, se pronuncian las oraciones, se bendice la tumba y, finalmente, se llena la fosa de tierra. Para terminar, se coloca sobre ella la sección de césped que había sido cortada previamente, la cual se adapta a la perfección. Un amigo mío dice que es como una «cesárea al revés». Como si el útero de la Tierra, sin romperse, recibiera nuevamente al individuo que una vez tomó forma de arcilla para vivir en la superficie. Es una hermosa idea: un regreso a casa, donde uno es recibido íntegramente.

Es extraño y maravilloso estar aquí, caminar dentro de un cuerpo, tener un mundo en el interior y otro al alcance de las manos. Es un privilegio enorme, y es increíble que los humanos olviden el milagro de estar aquí. Dijo Rilke: «Estar aquí es mucho». Resulta asombroso comprobar cómo la realidad social nos aturde e insensibiliza hasta el punto de que la gran maravilla mística de nuestra vida pasa totalmente inadvertida. Estamos aquí. Somos salvaje y peligrosamente libres. El aspecto más desolador de estar aquí es nuestra separación en el mundo. Al vivir en un cuerpo, estamos separados de los demás objetos y personas. En muchas ocasiones, cuando tratamos de rezar, amar o crear, lo que en realidad queremos es transfigurar esa separación, construir puentes para que otros puedan llegar a nosotros y nosotros a ellos. En el momento de la muerte, esa separación física se rompe. El alma se libera de su particular y exclusivo paradero en este cuerpo, y entra en un universo libre y fluido de comunión espiritual.

¿SON DISTINTOS EL ESPACIO Y EL TIEMPO EN EL MUNDO ETERNO?

El espacio y el tiempo son las bases de la identidad y la percepción humanas. Nunca hemos tenido una percepción que no incluyera esos elementos. El elemento espacio significa que siempre nos encontramos en estado de separación. Yo estoy aquí. Tú estás allí. Incluso la persona más cercana a ti, tu ser más querido, es un mundo separado del tuyo. Es el aspecto dramático del amor. Dos personas muy unidas quieren ser una, pero sus espacios siguen manteniendo esa distancia que las separa. En el espacio, siempre estamos separados. El otro componente de la percepción y la identidad es el tiempo. Éste también nos separa. El tiempo es ante todo lineal, inconexo y fragmentado. Tus días pasados han desaparecido; se han desvanecido. El futuro aún no ha llegado. Sólo te queda el pequeño peldaño del momento presente.

Al abandonar el cuerpo, el alma queda libre del peso y el control del espacio y el tiempo. Es libre para ir a donde quiera. Los muertos son nuestros vecinos más cercanos. Una vez preguntaron al Maestro Eckhart: «¿A dónde va el alma de una persona cuando muere?». Y él respondió: «A ninguna parte». ¿A qué otro lugar podría ir el alma? ¿En qué otro lugar está el mundo eterno? Sólo puede estar aquí. Hemos *espacializado* mal el mundo de lo eterno. Hemos llevado lo eterno a una especie de galaxia remota. Sin embargo, el mundo eterno no parece ser un lugar, sino un estado del ser distinto. El alma de la persona no va a ningún lugar porque no hay lugar a donde ir. Esta idea sugiere que los muertos están con nosotros, en el aire que continuamente atravesamos. La única diferencia entre nosotros y los muertos es que ellos adoptan una forma invisible. El ojo humano no puede verlos, pero puedes intuir la presencia de tus seres queridos que han fallecido. El sentido sensible de tu alma los percibe y sientes su presencia cercana.

Mi padre solía contar una historia sobre un vecino que era muy amigo del sacerdote del pueblo. En Irlanda existe toda una mitología sobre los poderes especiales de los curas y los druidas. El vecino y el sacerdote solían dar juntos largos paseos. Un día, el vecino preguntó al sacerdote: «¿Dónde están los muertos?», a lo que éste contestó que no debía hacer esa clase de preguntas. El hombre insistió hasta que, al fin, el sacerdote dijo: «Te lo mostraré, pero no se lo debes decir a nadie». Sobra decir que el hombre no cumplió su palabra. El sacerdote alzó su mano derecha, y, detrás de ella, el hombre vio las almas de los muertos, tantas como gotas de rocío sobre la hierba. A menudo nuestra soledad y aislamiento se deben a una falta de imaginación espiritual. Olvidamos que el espacio vacío no existe. Todo espacio está plagado de presencia, especialmente la de aquellos que adoptan una forma eterna e invisible.

Para los muertos el mundo del tiempo también cambia. Aquí estamos atrapados en el tiempo lineal. Hemos olvidado el pasado, que se ha perdido, y desconocemos el futuro. Para los muertos, el tiempo es totalmente diferente porque viven en un círculo de eternidad. Al principio de este libro hablé del paisaje y de cómo el de Irlanda evita la linealidad. Hablé de que el intelecto celta rechazaba la línea recta y que amaba la forma del círculo. En él, el principio y el fin son hermanos que permanecen resguardados en la unidad del año y de la Tierra que ofrece lo eterno. Yo imagino que, en el mundo eterno, el tiempo se ha convertido en el círculo de la eternidad. Quizá cuando una persona entra en ese mundo pueda echar una mirada a lo que aquí llamamos tiempo pasado. Tal vez pueda ver el tiempo futuro. Para los muertos, el tiempo presente es la presencia total. Esto nos dice que nuestros amigos que han fallecido nos conocen mejor de lo que nos conocieron en vida. Saben todo sobre nosotros, incluso cosas que tal vez los decepcionen. Pero, en su estado transfigurado, su comprensión y compasión son proporcionales a todo lo que saben de nosotros.

Los muertos nos bendicen

Creo que nuestros amigos muertos realmente se ocupan de nosotros y nos cuidan. Muchas veces, puede haber una gran piedra de desgracias cerniéndose sobre ti en el camino de la vida, pero tus amigos muertos la sostienen hasta que pasas. Uno de los desarrollos más emocionantes de la evolución y la conciencia humana en los próximos siglos podría ser una nueva relación con el mundo eterno invisible. Podríamos crear un vínculo creativo con nuestros amigos de ese mundo. La verdad es que no tenemos por qué llorar a los muertos. ¿Por qué tendríamos que hacerlo? Están en un lugar donde no hay sombras, oscuridad, soledad, aislamiento ni dolor. Están en casa, con Dios, de donde vinieron. Han regresado al nido de su identidad dentro del gran círculo de Dios. Él es el círculo más grande de todos, el que abarca el universo entero, que contiene lo visible y lo invisible, lo temporal y lo eterno, como un todo.

En la tradición irlandesa existen hermosas historias sobre personas que mueren y se encuentran con sus viejos amigos. Mairtin Ó Cadhain escribió una maravillosa novela titulada *Cré na Cille*, que trata de la vida en un cementerio y lo que les sucede a las personas enterradas en él. En el mundo eterno, todo es uno. En el espacio espiritual no hay distancia. En el tiempo eterno no existe separación entre el hoy, el ayer o el mañana; en él todo es ahora; el tiempo es presencia. Creo que éste es el significado de la vida eterna: una vida donde todo lo que buscamos –bondad, unidad, belleza, verdad y amor– no está lejos de nosotros, sino totalmente presentes en nosotros. R. S. Thomas escribió un hermoso poema sobre la eternidad. Aunque es deliberadamente minimalista en su forma, es muy poderoso:

Creo que quizá
estaré un poco más seguro
de estar un poco más cerca.
Eso es todo. La eternidad
radica en comprender
que ese poco es más que suficiente.

Kahlil Gibran explica que la unidad en la amistad, lo que llamamos *anam cara*, derrota hasta la muerte: «Nacisteis juntos y juntos estaréis por siempre. Estaréis juntos cuando las alas blancas de la muerte esparzan vuestros días. Estaréis juntos incluso en el silencioso recuerdo de Dios».

Me gustaría terminar este capítulo con una bella plegaria escrita en Persia en el siglo XIII:

Algunas noches quédate despierto
como a veces hace la Luna para el Sol.
Sé un cubo lleno, alzado hasta la luz
desde el fondo oscuro del pozo.
Algo abre nuestras alas,
algo disipa el aburrimiento y el dolor.
Alguien llena la copa que tenemos delante,
sólo probamos lo sagrado.

Bendición para la muerte

Rezo para que tengas la bendición de sentirte consolado
y seguro sobre tu propia muerte.
Que sepas en tu alma que no hay necesidad de tener miedo.
Cuando llegue tu momento, que recibas todas
las bendiciones y protección que necesites.
Que recibas una hermosa bienvenida en la casa adonde irás.
No vas a un lugar extraño. Regresas a la casa
que nunca abandonaste.
Que sientas el maravilloso apremio de vivir tu vida plenamente.
Que vivas con compasión y creatividad y transfigures
todo lo negativo dentro de ti y a tu alrededor.
Cuando mueras, que sea después de una larga vida.
Que estés tranquilo y feliz, y en presencia de quienes
realmente te aman.
Que tu partida sea segura y tu bienvenida asegurada.
Que tu alma sonría en el abrazo de tu anam cara.

LECTURAS
RECOMENDADAS

ADORNO, THEODOR W., *Mínima Moralia*, Taurus, Madrid, 1987.
ANÓNIMO, *The Taín*, trad. al inglés por Thomas Kinsella, Oxford, 1986.
ARISTÓTELES, *Acerca del alma*, Gredos, Madrid, 1978.
_____ *Ética a Nicómaco*, Instituto de Estudios Políticos, Madrid, 1970.
AGUSTÍN, SAN, *Las confesiones*, Editorial Católica, Madrid, 1968.
BACHELARD, GASTÓN, *La poética del espacio*, Fondo de Cultura Económica, México, 1965.
BAUDRILLARD, JEAN, *Las estrategias fatales*, Anagrama, Barcelona, 1990.
BERGER, JOHN, *Ways of Seeing*, Londres, 1981.
BRADLEY, IAN, *The celtic way*, Londres, 1993.
CARDENAL, MARIE, *The Words to Say It*, Londres, 1983.
CARMICHAEL, ALEXANDER, *Carmina Gadelica*, Edimburgo, 1994.

CURTIS, P. J., *Notes from the Heart: A Celebration of Traditional Irish Music*, Dublín, 1994.

DILLARD, ANNIE, *The Writing Life*, Nueva York, 1989.

KENNELLY, BRANDAN (ed.), *The Penguin Book of Irish Verse*, Londres, 1970.

LEVERTOV, DENISE, *The Poetin the World*, Nueva York, 1973.

LEVINAS, EMMANUEL, *Totalidad e infinito*, Sígueme, Salamanca, 1987.

LOW, MARY, *Celtic Christianity and Nature*, Edimburgo, 1996.

MATTHEWS, CAITLIN, *La tradición celta*, Edaf, Madrid, 1992.

MERLAY-PONTY, MAURICE, *Fenomenología de la percepción*, Fondo de Cultura Económica, México, 1954.

MORIARTY, JOHN, *Dreamtime*, Dublin, 1994.

MURDOCH, IRIS, *Metaphysics as a Guide to Morals*, Londres, 1992.

MURPHY, GERARD, *Early irish Lyrics*, Oxford, 1956.

MURRAY, P. (ed.), *The Deer's Cry. A Treasure of irish Religious Verse*, Dublín, 1986.

O´CÉIRÍN, KITY CYRIL, *Women of Ireland*, Tir Eolas, 1996.

O´DONOHYE, NOEL DERMOT, *The Mountain behind the Mountain. Aspects of the Celtic Tradition*, Edimburgo, 1993.

O'DONOHYE, JOHN, *Person als Vermittiung*, Mainz, 1993.

OH-OGAIN, DAITHI, *Myth, Legend and Romance. An Encyclopedia of the Irish Folk Tradition*, Nueva York, 1991.

PLOTINO, *Ennéadas*, Aguilar, Madrid, 1961.

RAHNER, KARL, *Curso fundamental sobre la fe cristiana. Introducción al concepto de cristianismo*, Herder, Barcelona, 1984.

SELLS, MICHAELA, *Mystical Languages of Unsaying*, Chicago, 1994.

SHELDRAKE, RUPERT, *El renacimiento de la naturaleza*, Paidós Ibérica, Barcelona, 1994.

SMITH, CYPRIAN, *The Way of Paradox. Spiritual Life As Taught by Meister Eckhart*, Londres, 1987.

STEINER, GEORGE, *Presencias reales*, Destino, Barcelona, 1992.

WADDEL, HELEN, *The Desert Fathers*, Londres, 1962.

WHYTE, DAVID, *The Heart Aroused*, Nueva York, 1995.

ÍNDICE

Prólogo 9
1. El misterio de la amistad 15
2. Hacia una espiritualidad de los sentidos 51
3. Tu soledad es luminosa 91
4. El trabajo como poética del crecimiento 139
5. Envejecer: la belleza de la cosecha interior 171
6. La muerte: el horizonte está en el pozo 205
Lecturas recomendadas 235